追跡！謎の日米合同委員会

別のかたちで継続された「占領政策」

吉田敏浩
Yoshida Tomohiro

毎日新聞出版

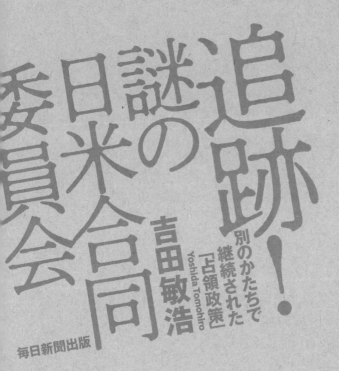

追跡！謎の日米合同委員会

別のかたちで継続された「占領政策」

目次

凡例
＊引用文中の〔　〕内は著者が補った語句である。
＊国会答弁の引用文は、原則として語尾などの「ですます調」を「である調」に換えた。答弁をした大臣、官僚などの職務・役職の名称は、特に断りがない限り、その当時のものである。
＊特に断りのない写真は著者の撮影である。

カバー写真　毎日新聞社
ブックデザイン　鈴木成一デザイン室

はじめに

　日米合同委員会とは、日本における米軍の権利など法的地位を定めた日米地位協定の運用に関する協議機関である。一九五二年四月二八日の対日講和条約、日米安保条約、日米行政協定（現地位協定）の発効とともに発足した。外務省や防衛省などの高級官僚らと在日米軍司令部などの高級軍人らで構成されている。

　外務省や都内の米軍施設などで定期的に会合し、議事録や合意文書は原則非公開とされる。国会議員にさえも公開しない秘密の厚い壁を築いている。関係者以外立ち入れない密室の協議を通じて米軍に対し、基地を自由に使用し軍事活動をおこなう特権を認める合意を結んでいる。米軍優位の不平等な日米地位協定を裏側から支える密室の合意システムといえる。

　法務省や外務省や最高裁などの部外秘資料、在日米軍の内部文書、アメリカ政府の解禁秘密文書などの調査を通じて、日本の主権を侵害し米軍に特権を与える日米合同委員会の秘密合意＝密約の存在が明らかになった。

　たとえば、米軍機に航空管制上の「優先的取り扱いを与える」という「航空管制・米軍機優先密約」（合意文書名は「航空交通管制に関する合意」）。この密約にもとづき、日本側は米軍に優先的にアルトラブ（ＡＬＴＲＶ）という軍事空域を提供すなわち差し出している。

アルトラブとは、米軍の要請を受けて国土交通省航空局の航空管制機関が、一定の空域を一定の期間、航空管制上の通知でブロックして、民間機など米軍機以外の航空機を通れなくし、米軍機が訓練や空中給油などをするための専用の軍事空域とするものだ。ほぼ常時専用となる固定型アルトラブは、「空の米軍基地」といえ、しかも増えている。

アルトラブは民間航空機の安全な運航の妨げとなっている。外国軍隊の要求が優先され、民間機に空域制限が課される。それは日本の空の主権が米軍に制約・侵害されていることを意味する。

さらに、アルトラブや米軍機の飛行計画と交信記録など個々の米軍機に関する情報は、日米両政府の合意なしには公表しないとする「米軍機情報隠蔽密約」もある。これにより、米軍が日本全国各地で自由勝手におこなっている低空飛行訓練の飛行ルートや訓練時間など具体的な情報が非公開とされている。

米軍機の低空飛行訓練がひんぱんにおこなわれる地域の自治体は、飛行ルートや訓練時間の事前の情報提供を日本政府に求めている。米軍機と自治体の消防防災ヘリやドクターヘリのニアミスや衝突事故を防ぐためである。しかし、情報は提供されない。「米軍機情報隠蔽密約」があるからにちがいない。密約は住民の安全を脅かしている。

日米合同委員会の議事録や合意文書の非公開は、日米地位協定で定められているわけではない。ただ合同委員会の密室協議で、そう取り決めただけなのである。そして、そう取り決めた合意文書さえも非公開としてきた。その秘密体制は徹底している。

そこに風穴を開けようとしたのが、「知る権利」と情報公開の推進に取り組むＮＰＯ法人「情報公開クリアリングハウス」の「日米合同委員会議事録情報公開訴訟」である。この訴訟を通じて、外務省は一九六〇年の安保改定後の第一回日米合同委員会の議事録中の、「(合同委員会の議事録などは)日米双方の合意がない限り公表されない」という部分を開示せざるをえなくなった。

そして、日米合同委員会の文書非公開という秘密体制を維持するために、外務省が情報公開法にもとづく日米合同委員会関連の文書開示請求があるたびに、在日米軍と電話やメールで連絡を取り合い、米軍側から「開示に同意しない旨」の回答を受けている事実も明らかになった。

これでは、米軍が日本の情報公開制度に対し縛りをかけていることになる。米軍の同意なしには開示されないのだから、日本の情報公開の主権と国民の「知る権利」が制約・侵害されているといえる。

このような実態があるため、日米合同委員会の「民事裁判権密約」(米軍機墜落事故などの被害者が損害賠償を求める裁判に、米軍側はアメリカ合衆国の利益を害する情報など不都合な情報は提供しなくてもよく、そうした情報が公になりそうな場合は米軍人・軍属を証人として出頭させなくてもよい)が最高裁の部外秘資料に載っており、総務省管轄の情報公開審査会で開示の答申が出たにもかかわらず、外務省は文書開示を拒み続けている。その背後にも、外務省と在日米軍の秘密体制保持のための緊密な連携と、米軍側からの文書不開示を求める内政干渉があったことが明らかになった。

日米合同委員会は、米軍の占領時代からの特権を維持するとともに、変化する時代状況に応じて新たな特権を確保してゆくための政治的装置、密約機関といえる。つまり米軍が、日米合同委員会における日本の高級官僚との密室協議の仕組みを利用して、事実上の治外法権・特権を日本政府に認めさせるという一種のシステムがつくられている。

その弊害は新型コロナウイルスの感染拡大の問題にも及んでいる。在日米軍内でも新型コロナウイルスの感染が相次いできたのに、日本政府は米軍関係者（軍人・軍属・それらの家族）の入国禁止措置をとれず、基地から入国する際の検疫も、感染防止策も米軍まかせで、まったく手出しできないのである。

米軍関係者は日米地位協定にもとづき、基地を通じて自由に出入国でき、日本の出入国管理に服さなくてもいいからだ。検疫も日米合同委員会の「人、動物及び植物の検疫に関する合意」によって、基地から入国する場合は米軍が独自に実施できるようになっている。つまり日本側の規制の手が及ばないのである。日本の検疫体制に大きな穴があいてしまっている。

このような「日米合同委員会システム」を、〝別のかたちで継続された占領政策〟の一環と鋭く示唆していたのが、現代文学の巨匠・松本清張である。その作品、政治情報小説『深層海流』において、独自に入手した内閣調査室（現内閣情報調査室）の極秘文書をもとに、日米の情報（諜報）機関の合同委員会方式による緊密な連携を描くとともに、日米合同委員会の存在にも言及していた。前者は「裏の日米合同委員会」といえる。

松本清張は日米安保条約・地位協定の本質は、〝別のかたちで継続された占領政策〟であると、的確に述べている。戦後日本を洞察する「清張史観」と呼んでもいいだろう。

占領政策は終わったが、アメリカの政策は一挙に日本から引揚げて行ったのではない。その占領政策は別のかたちで日本に継続された。それは日米安全保障条約（旧安保）によって具体的に示されている。

——「『深層海流』の意図」／『文藝春秋』一九六二年二月号

また、前述のように全国各地で米軍機が勝手放題の低空飛行訓練を続けるなど、日本の空を米軍が我が物顔で軍事利用する背後に、米軍機優先の航空管制を日本政府が提供している問題があることも指摘していた。

日本の空は、ひきつづき日本国のものではない。三四年〔一九五九年〕七月、日米講和条約（昭和二七年）よりおくれること七年、ようやく、〔航空〕管制本部が日本に移管され、形式的に日本の空となったかに思われるが、それには、日米行政協定の付属書によりまだ大きな制限が加えられている。なぜならば、航空機の管制は、非常に軍事的な色彩の濃いものであるからだ。

——『現代官僚論』3　文藝春秋　一九六六年

この「日米行政協定の付属書」とは、日米合同委員会の一九五九年六月四日の「航空交通管制に関する合意第三附属書」を指す。それは非公開の秘密文書だ。

松本清張は、米軍優位の日米安保・地位協定のもと、日本の長年にわたる対米従属の構造を固定化し運用するための秘密機関という、日米合同委員会の本質を見抜いていたのである。

日本を呪縛する「占領政策の延長」といえる日米安保条約・地位協定の構造と、その核心部で秘密体制を築き機能する謎の日米合同委員会を、本書では追跡し、密約機関としての正体に迫りたい。

第一章

米軍に差し出された軍事空域「アルトラブ」の密約と「米軍機情報隠蔽密約」

写真1 訓練飛行をする米軍戦闘攻撃機

「幻の空域」アルトラブ

航空関係者から「幻の空域」と呼ばれる軍事空域がある。アルトラブ（ALTRV）という。米軍の要請を受けて国土交通省航空局の航空管制機関が、一定の空域を一定の期間、航空管制上の通知でブロックして、米軍機以外の民間航空機などを通れなくし、米軍専用の空域とするものだ。しかもアルトラブの情報は非公開とされ、航空路図にも載っていない。だから「幻の空域」といわれる。

米軍の求めに応じて、日本の空を外国軍隊にいわば差し出しているのが実態である。日本の空の主権が米軍によって制約・侵害されている象徴的な問題である。

その背後には、米軍優位の日米地位協定に関する密室の協議機関で、日本の高級官僚と在日米軍の高級軍人からなる日米合同委員会（後述）の密約の影がある――。

アルトラブはAltitude Reservationの略語である。Altitudeは高度を意味し、Reservationには留保や制限といった意味がある。直訳すると高度留保あるいは高度制限となる。日本政府は「空域の一時的留保」と呼んでいる。だが、実質的な意味は一定の範囲を上限・下限の高度をもって設定し、民間機を締め出して軍用の空域とする「空域制限」で、二種類ある。

①固定型アルトラブ：米軍機の訓練飛行や空中給油などのため、一定の空域をほぼ常時固定的に設定して米軍専用とする。（Stationary ALTRV）

②移動型アルトラブ：軍事演習や航空部隊の移動などに際し、米軍機の飛行ルートに伴って順次、一定の空域を一時的に米軍専用にしていく。（Moving ALTRV）

アルトラブは民間航空機の安全かつ効率的な運航の妨げとなっている。日米地位協定にもとづくとされる米軍の既存の訓練空域（図1・図2。沖縄とその周辺に二〇ヵ所、九州・四国・本州周辺

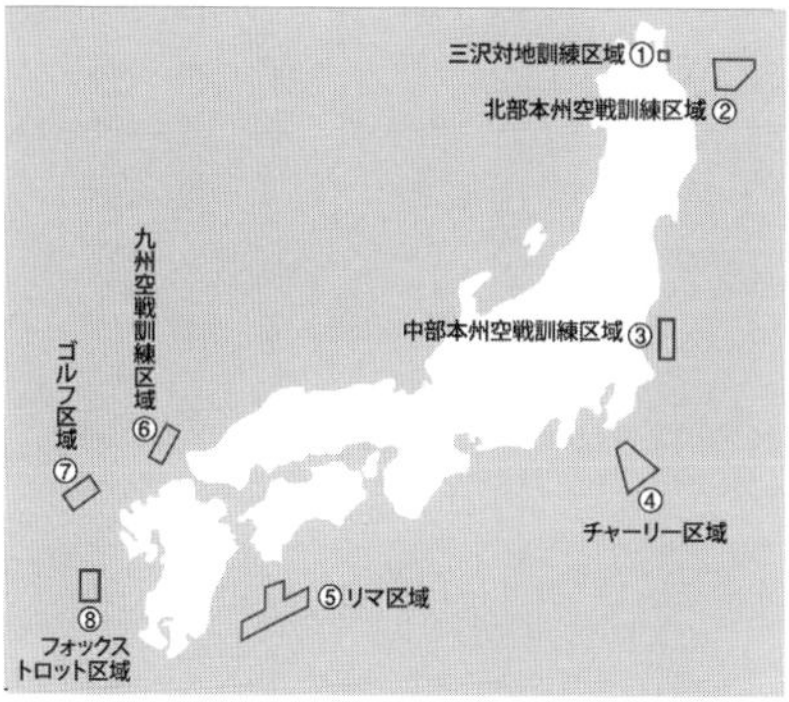

図1 九州・四国・本州周辺の米軍の訓練空域（防衛省の情報公開開示文書をもとに作成）

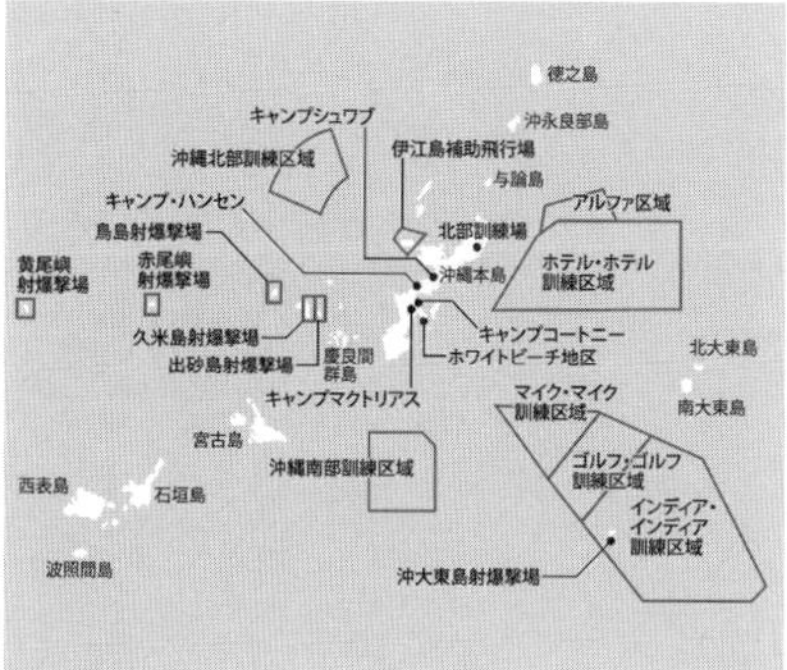

図2 沖縄とその周辺の米軍の訓練空域（前田哲男著『在日米軍基地の収支決算』ちくま新書、沖縄県知事公室基地対策課編『沖縄の米軍基地』をもとに作成／『「日米合同委員会」の研究』より）

に八ヵ所あり、主に海の上空）に加えて、軍事空域を増やし、民間機の運航を圧迫するからだ。

米軍の訓練空域があることで、すでに民間機の定期便ルートの幅が狭められ、雷雲など悪天候を回避する際の大きな障害となっている。民間航空のあるベテラン操縦士はこう指摘する。

「雷雲を避けるためにルートをそれて、一時的に訓練空域を通過したくても、米軍機が訓練中だと入らせてもらえません。国土交通省の航空管制機関と交信して、米軍側との調整を頼んでもだめです。仕方がないから雷雲に突っ込んで飛ばざるをえません。機体が大揺れし、落雷や雹による機体の破損などの危険もあって大変なんです」

民間航空を圧迫する米軍の訓練空域

図2のように、沖縄本島の周辺海域の上空には、「アルファ区域」「ホテル・ホテル訓練区域」「マイク・マイク訓練区域」「ゴルフ・ゴルフ訓練区域」「インディア・インディア訓練区域」「沖縄南部訓練区域」「沖縄北部訓練区域」といった米軍の既存の訓練空域がある。

沖縄本島の東側海上の空に設定された「アルファ」「ホテル・ホテル」「マイク・マイク」の訓練空域と本島の東海岸の間の幅は、狭いところで一〇マイル（約一六キロ）しかない。民間機の操縦士はこのような状況を「平均台を渡り歩くようにほっそりしたコースを飛ぶ」と表現している（『この海／山／空はだれのもの!?』琉球新報社編集局編著　高文研　二〇一八年）。

そのため、飛行ルートのゆくてに発生した雷雲を避けたくても、米軍の訓練空域がある東側には機首を向けられず、やむなく西方に大きく遠回りせざるをえなくなり、その分、飛行時間も燃料費も余計にかかってしまう（同前）。

さらに、気象状態の如何にかかわらず、はじめから訓練空域を避けて遠回りせざるをえない定期便ルートもある。このように米軍の訓練空域があるだけでも弊害が生じているのに、さらにアルトラブで民間機が入れない空域が増えることで、より制限が加えられているのだ。

そのため、操縦士、客室乗務員、航空管制官など航空関係の複数の労働組合からなる航空安全推進連絡会議は、国土交通省に対して毎年、訓練空域やアルトラブなど「民間航空機の安全かつ効率的な運航を阻害している軍事空域」の削減を強く求めている。しかし、国土交通省はじめ日本政府が米軍に対し、軍事空域の削減を迫ることはなく、訓練空域も、アルトラブも存在しつづけている。

航空安全推進連絡会議に参加する国土交通労働組合の現役航空管制官によると、移動型アルトラブは管制官の間で「大名行列」とも呼ばれる。

「私の知っているかぎりでは、移動型アルトラブはハワイやグアムの米軍基地から三沢基地などへ、空中給油機が何機もの戦闘機を後ろに従えるように移動してきます。その飛行ルートにあたる高度約二万九〇〇〇フィート（約八八三九メートル）～三万一〇〇〇フィート（約九四四八メートル）の間の一定の幅と長さのある立方体の空域を、その編隊の移動とともに、民間機が入れないようにブロックしていくのです。イメージとしては巨大な立方体が飛んでいるような感じです。戦闘機は交代で給油を受けては飛行します。そのように移動するいくつもの機影が、レーダー画面上に点々と映るのを大名行列にたとえるわけです」

つまり米軍機を最優先させる航空管制を強いられるのである。当然、そのしわよせは民間航空機の運航に及ぶ。民間航空の安全性が米軍のための軍事空域によって大きく損なわれているのだ。これは航空関係者だけでなく、乗客として民間機を利用する一般の人びとにとっても見過ごせない重大な問題にちがいない。

秘密とされるアルトラブの情報

アルトラブが「幻の空域」と呼ばれるのは、国土交通省航空局の『航空路誌』（AIP。英文と和文がある）で告示もされず、航空路図にも記載されていないからだ。あくまでも非公開の空域なのである。

日米地位協定にもとづくとされる米軍の訓練空域も、防衛省と国土交通省の行政機関どうしの調整にもとづく自衛隊の訓練空域も告示され、『航空路誌』や航空路図に明記されているのとは対照的である。なお、『航空路誌』は航空機の安全な運航に必要な各種の情報を収録し、インターネットで電子版も閲覧できる。

アルトラブによって一定の空域が設定され、米軍機以外の民間機などの通過が制限される場合、位置、範囲、期間などは、国土交通省航空局が航空会社などに英文で配信するNOTAM（以下、ノータム）という航空情報で通知される（インターネットで閲覧可）。立体的なアルトラブ空域の範囲は緯度・経度、下限と上限の高度によって示される。

ただ、「米軍の複合的な軍事活動が実施される」という記載から、米軍がその空域を使用することはわかるが、アルトラブだとは明記されない。「〔米軍の複合的な軍事活動の〕参加機以外の計器飛行の航空機による空域の通過は航空管制上の承認をされない」という記載からは、国土交通省航空局の航空管制上の通知でブロックして、民間機の通過を認めないことがわかる。

アルトラブが年間どのくらい設定されているのか、その件数や位置などを日本政府は、「日米双方の合意がない限り公表しないと両政府間で合意されており、公表すると米国との信頼関係が損なわれるおそれがある」という理由で、情報公開法による文書開示請求などにも全面不開示とし、秘匿している。国会議員にさえも公開しない。

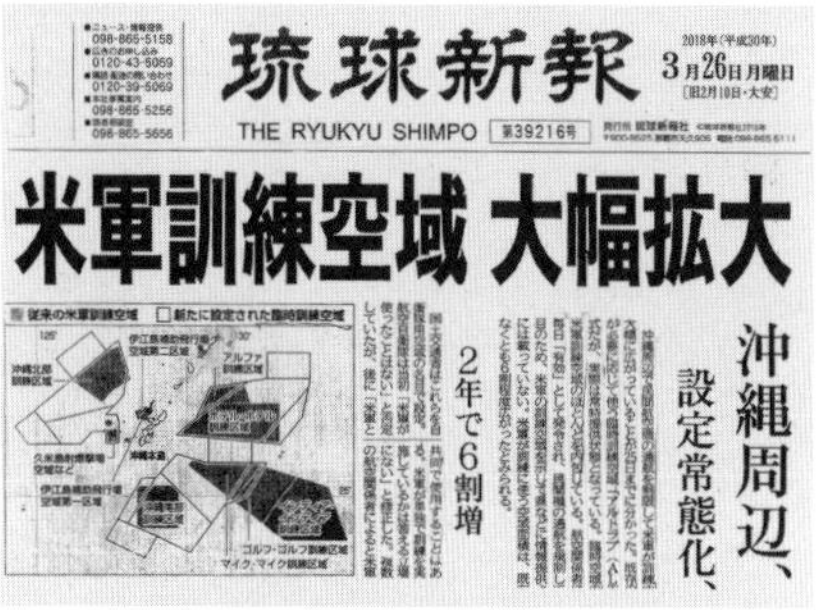
琉球新報
THE RYUKYU SHIMPO
2018年（平成30年）3月26日月曜日

米軍訓練空域 大幅拡大

沖縄周辺、設定常態化

2年で6割増

図3 沖縄周辺の米軍訓練空域の拡大、固定型アルトラブ

拡大する沖縄周辺のアルトラブ

航空関係者によると、アルトラブの設定は年間一〇〇〇件以上に及ぶという。また二〇一四年に日本弁護士連合会が発表した「日米地位協定に関する意見書」でも、「アルトラブの設定は年間一〇〇〇件以上に及んでいるといわれている」という。

なかでも大きな問題となっているのが、沖縄の周辺上空の固定型アルトラブだ。二〇一五年一二月に、図3のように、既存の七つの訓練空域の大部分を内包するかたちで新設された。その結果、沖縄周辺で米軍が訓練に使う空域が全体で、既存の訓練空域の一・六倍へと大幅に拡大した。民間機の運航をさらに圧迫している（『琉球新報』二〇一八年三月二六日）。

これらの固定型アルトラブを、国土交通省は自衛隊用空域の名目で設定し、航空自衛隊は『琉球新報』の取材に当初、「米軍が使ったことはない」と否定していた。しかし後に、「米軍と共同で使用する場合はある。米軍が単独で訓練を実施しているかは、米軍の運用に関することでお答えする立場にない」と修正した。複数の航空関係者によると、米軍はこれらの空域を日常的に使用している。これらの空域は「臨時」の名目のため、沖縄県などに提供される米軍の訓練空域を示す地図には載っていない。固定型アルトラブの大部分が、旅客機が上昇不可能な高度六万フィート（約一万八二八八メートル）まで進入禁止で、実質的に旅客機は回避する以外に選択肢がない（同前）。

米空軍嘉手納基地（沖縄県）の第18航空団が作成し、ホームページでも公表している英文資料「RANGE PLANNING AND OPERATIONS」（「空域計画と作戦」二〇一六年一二月二八日付）によると、新設された固定型アルトラブは一一ヵ所ある。「TIGER」「EAGLE」「LION」「MOOSE-NORTH」「MOOSE-SOUTH-LOW」「MOOSE-SOUTH-HIGH」「EDIX-TIGER and EDIX-LION」「EDIX-MOOSE」「BROWNS」「TYBEE」「DRAGON」といった名称が付いている。

その後、沖縄の周辺上空のアルトラブはさらに増えている。二〇二〇年一一月上旬の時点で、国土交通省航空局の航空情報ノータムには一八ヵ所のアルトラブが空域図とともに記載された。それらの名称は「TIGER-EAST」「TIGER-CENTER」「TIGER-WEST」「EAGLE-EAST」

「EAGLE-CENTER」「LION-WEST」「LION-CENTER」「MOOSE-NORTH」「MOOSE-SOUTH-LOW」「MOOSE-SOUTH-HIGH」「EDIX-TIGER」「EDIX-LION」「EDIX-MOOSE」「BROWNS-SOUTH」「BROWNS-NORTH」「TYBEE-EAST」「TYBEE-WEST」「IDAMAS」である。（図A）

　下限と上限の高度はまちまちで、〇メートル（水面）〜六万フィート（約一万八二八八メートル）が八ヵ所、〇メートル〜二万五〇〇〇フィート（約七六二〇メートル）が二ヵ所、五〇〇〇フィート（約一五二四メートル）〜二万五〇〇〇フィートが一ヵ所、九〇〇〇フィート（約二七四三メートル）〜一万一〇〇〇フィート（約三三五三メートル）が一ヵ所、一万八〇〇〇フィート（約五四八六メートル）〜二万三〇〇〇フィート（約七〇一〇メートル）が一ヵ所、二万フィート（約六〇九六メートル）〜二万五〇〇〇フィートが二ヵ所、二万五〇〇〇フィート〜六万フィートが一ヵ所、二万八〇〇〇フィート（約八五三四メートル）〜二万九〇〇〇フィート（約八八三九メートル）が二ヵ所である。

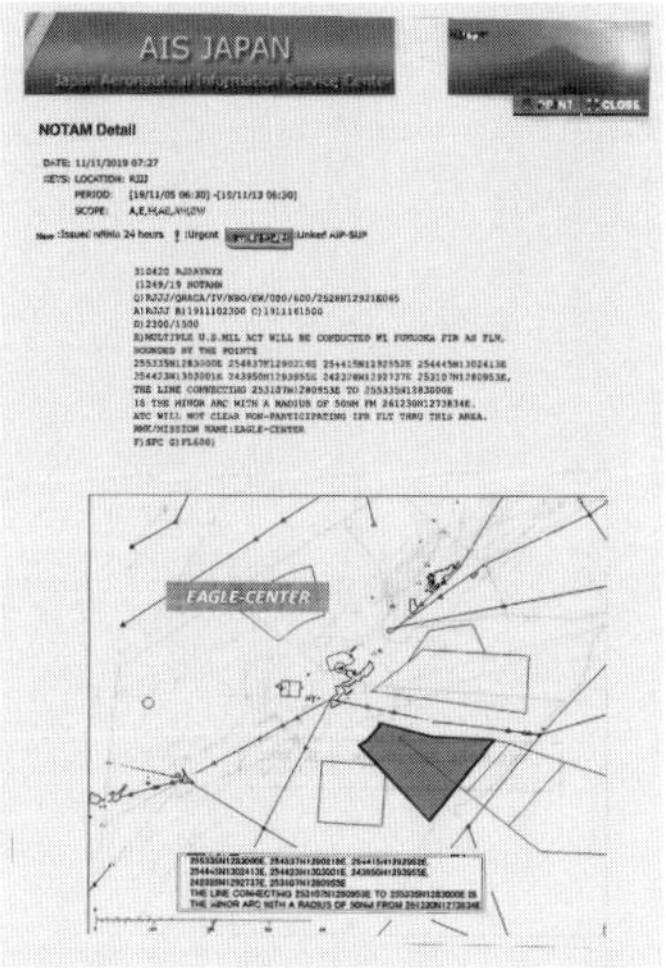

図A 沖縄周辺の固定型アルトラブ（米軍用の訓練空域）国土交通省「ノータム」掲載

　これら固定型アルトラブの空域については、日曜日などを除きほぼ毎日、アルトラブとの明示はないが、「米軍の複合的な軍事活動が実施される。その参加機以外の計器飛行の航空機による空域の通過は航空管制上の承認をされない」と、航空情報ノータムで通知されている。だから民間機は通過できない。そのため遠回りせざるをえない定期便ルートも出ている。

この沖縄周辺の空域問題について政府は、「米軍が、国土交通省と調整の上に、アルトラブというものを設定していることは承知している」（二〇一九年二月二二日、衆議院予算委員会、岩屋毅防衛相の答弁）との見解を示す。

しかし、アルトラブとは「一時的に設定した一定の空域の中に一定時間他の航空機が飛行しないようにする管制業務上の措置」で、「継続的なものではなく、時間の経過により終了する」（同前、石井啓一国交相の答弁）として、固定型アルトラブという実態を認めていない。

だが、前出の米空軍の英文資料「空域計画と作戦」には、「Stationary ALTRV」すなわち固定型アルトラブと明記されているのだ。政府が事実を認めようとしないのはおかしい。

固定型アルトラブは既存の訓練空域と同様、いわば「空の米軍基地」といえる。しかもその範囲が人知れず大幅に拡大し、民間機の運航を圧迫している。このまま放置していい問題ではない。

米軍の要求に応じてアルトラブを設定

アルトラブを設定しているのは、国土交通省航空局である、米軍はそこに訓練飛行や空中給油などのためにアルトラブを要請する。調整の実務は、航空局が運営する航空交通管理センター（以下、ＡＴＭセンター）が担当する。

二〇〇五年にできたATMセンターは福岡市にある。日本領空と日本周辺の海洋上空をふくむ福岡FIR（国際的な航空管制区分）内での、航空機の発着・飛行状況などをレーダーや無線や衛星データリンク通信などを使って把握している。そして、全国各地の飛行場、周辺空域、航空路の混雑や悪天候を回避するため、航空機の出発時間、飛行ルート、高度などを指示し、航空交通全体の流れを調整・管理している。

ATMセンターでは、国土交通省航空局の航空管制官と自衛隊の担当官が空域の有効利用を図る「空域管理」（ASM）の調整をしている。さらに、航空関係者によるとATMセンターには、「リエゾン」と呼ばれる米軍側の連絡官もいて、航空管制官と自衛隊の担当官とともに「空域管理」の調整に関わっているという。米軍側からアルトラブの要請があると、航空管制官は民間航空機の運航への影響を精査したうえで承認する。

しかし、国土交通省は「空域管理」に関する米軍との合意やアルトラブの調整に関連する公文書、たとえば「ALTRV受信簿／調整記録」などを全面不開示にしているので、詳しい調整方法はわからない。

ATMセンターの「空域管理」の業務としてはほかにも、自衛隊や米軍の訓練空域が空いている時間帯に、民間航空機が悪天候の回避や飛行距離の短縮のため臨時に通過できるよう「調整経路」（CDR）の設定もおこなっている。

インターネット上に公開された国土交通省航空局の資料「Overview of ATM Center in Japan」（二〇一二年）には、ATMセンターの航空交通管制官が空域のモニター画面を見なが

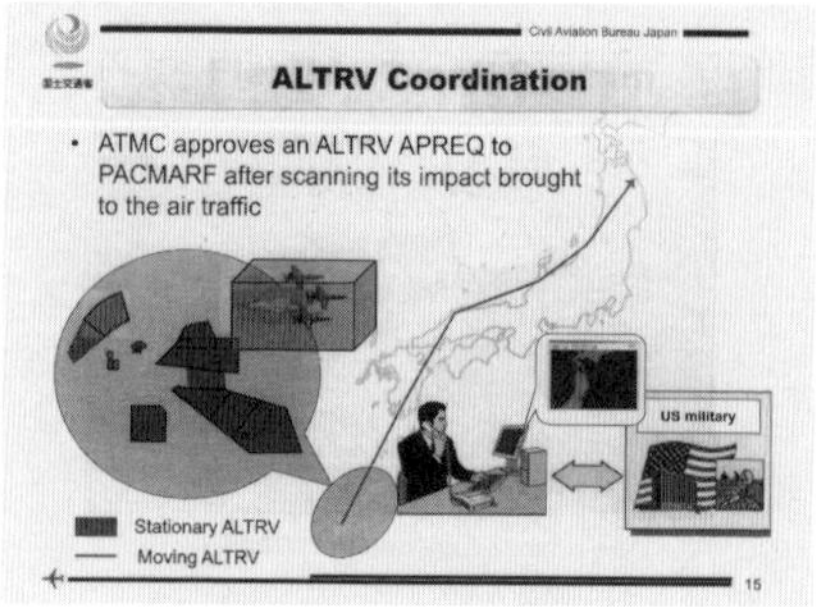

図4 国土交通省航空局の
アルトラブに関する説明の資料

ら、米軍側と電話で調整をしているイラスト入りの簡単な説明が載っている。そこには、「ＡＴＭセンターは米軍のＰＡＣＭＡＲＦからのアルトラブの要請に対して、航空交通にもたらされる影響を精査したうえで承認する」とだけ書かれている。

ＰＡＣＭＡＲＦはPacific Military Altitude Reservation Function（太平洋軍空域制限機関）の略で、ハワイにある米軍側の調整機関である。アルトラブの調整は、ＡＴＭセンターの発足以前は、ＰＡＣＭＡＲＦから、航空路管制を分担する国土交通省の四つの航空交通管制部に個別に要請されていた。

この国土交通省航空局の資料には、日本列島の図（図4）が添えられ、沖縄から九州・中国地方を縦断し、山陰、北陸を経て東北地方を斜めに横切る「移動型」アルトラブ・ルートの一例が長い矢印の線で引かれている。このように日本列島を縦断しながら順々に、一定の幅と高度を持った立体的な空域が、民間機を排除して米軍専用に設定されてゆくわけだ。また、沖縄周辺の空にいくつも設定された、台形や長方形の「固定型」アルトラブの広大な空域を示す図も含まれている。

これを見るだけでも、米軍専用のための空域制限アルトラブが、いかに民間機の安全かつ効率的な運航の妨げになっているかが推測できる。

地位協定に規定のないアルトラブ

それにしても、なぜ米軍は日本側当局にアルトラブの要請をし、民間機を締め出した専用の空域を手に入れられるのか。日本における米軍の権利などを定めた日米地位協定には、アルトラブの規定はないのに。

日本政府はアルトラブの設定理由を、野党議員の質問主意書への答弁書で、こう説明している。文中の「空域の一時的留保」とはアルトラブを指す。

空域の一時的留保は、米軍の円滑な活動を確保することが、日米安保条約の目的達成のために緊要であるとの観点から、米軍の任務の所要を勘案し、また、民間航空交通の安全の確保のため必要な調整を行いつつ設定するものである。政府としては、今後ともかかる調整を行っていく所存であり、空域の一時的留保の設定を取りやめる考えはない。

——一九九六年一月一九日付、共産党・古堅実吉衆院議員の質問主意書への橋本龍太郎内閣の答弁書

いきなり安保条約を持ち出して正当化しようというわけだ。しかし、外国軍隊である米軍が日本で何ができて、何ができないのか、基地の使用など米軍の権利、法的地位を定めたのが地位協定である。米軍のための専用空域すなわち実質的には「空の米軍基地」を提供するアルト

ラブの問題を、地位協定を飛び越えて安保条約の目的達成のためだとかたづけていいはずがない。

日米合同委員会の密室協議

アルトラブには、実は日米合同委員会が関係している。日米合同委員会とは、在日米軍の基地使用と軍事活動の権利、米軍関係者の法的地位などを定めた日米地位協定の運用に関する協議機関だ。一九五二年四月二八日の対日講和条約、日米安保条約、日米行政協定（現地位協定）の発効とともに発足した。日本の高級官僚と在日米軍の高級軍人で構成されている。

日本側代表は外務省北米局長で、代表代理は法務省大臣官房長、農林水産省経営局長、防衛省地方協力局長、外務省北米局参事官、財務省大臣官房審議官。アメリカ側代表は在日米軍司令部副司令官で、代表代理は在日米大使館公使、在日米軍司令部第五部長、在日米陸軍司令部参謀長、在日米空軍司令部副司令官、在日米海軍司令部参謀長、在日米海兵隊基地司令部参謀長。

図5のとおり、この一三名で本会議を構成し、その下に施設・財務・労務・通信・民間航空・刑事裁判管轄権・環境など各種分科委員会、建設・港湾・陸上演習場など各種部会が置かれ、各部門を管轄する日本政府省庁の高級官僚たちと在日米軍司令部の高級将校らが委員を務める。その全体が日米合同委員会と総称される。委員の総数が何名になるのかは公表されていない。

協議は米軍基地の建設、米軍の駐留経費、米軍機に関する航空管制、米軍が使う電波の周波数、訓練飛行や騒音問題、米軍関係者の犯罪の捜査や裁判権、基地の環境汚染、基地の日本人従業員の雇用など多岐にわたる。

日本側はすべて文官の官僚だが、アメリカ側は大使館公使を除きすべて軍人である。国際協議としては異例の組み合わせで、アメリカ側は軍事優先で協議に臨む。そもそも地位協定は米軍に対し、基地の運営などに「必要なすべての措置をとれる」強力な排他的管理権を認めるなど、米軍に有利な規定が多い。そうした米軍優位の地位協定を大前提にして協議する以上、おのずとアメリカ側が有利な立場にある。

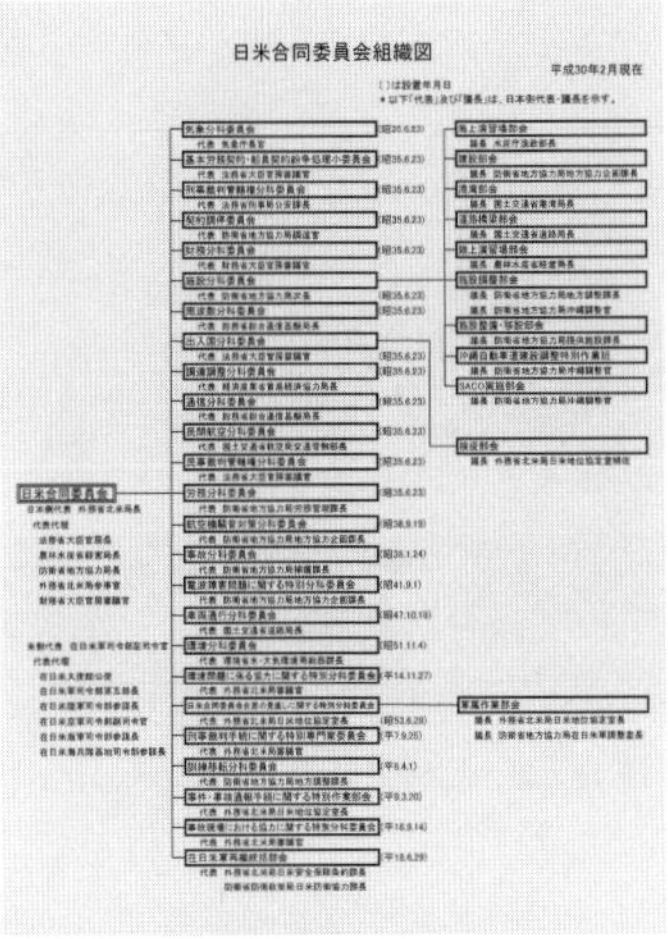

図5 外務省HP掲載の「日米合同委員会組織図」

日米合同委員会の本会議は原則として隔週の木曜日に、ニューサンノー米軍センター（東京都港区の米軍宿泊施設。別称ニュー山王ホテル）と外務省で交互に開かれる。分科委員会や部会は、各部門を管轄する省庁や外務省、在日米軍施設で、必要に応じて開かれる。

合意の要旨は一部、公開されている。しかし、議事録や合意文書は原則非公開だ。情報公開法により外務省などに開示請求をしても不開示となる。国会議員にさえも非公開で、徹底した秘密体制をとる。関係者以外は立ち入れない密室協議を通じて、米軍に数々の特権を認めているのだ。なお、正式の議事録も合意文書も英文で、外務省が必要に応じて仮訳というかたちで和文のものを作成している。

隠される「航空交通管制に関する合意」

外務省ホームページに載っている、日米合同委員会の合意「航空交通管制（改正）」（一九七五年五月）には、こう書かれている。やはり文中の「空域の一時的留保」がアルトラブを意味する。

写真2 日米合同委員会が開かれるニューサンノー米軍センター

写真3 日米合同委員会が開かれる外務省

米国政府は、軍用機の行動のため空域の一時的留保を必要とする時は、日本側が所要の調整をなしうるよう、十分な時間的余裕をもって、その要請を日本側当局に対して行う。

しかし、これはアルトラブの手続きを述べたにすぎない。そもそも米軍はなぜアルトラブを要請できるのか、日本政府はなぜそれに応じるのか。アルトラブ提供の根拠を示すものとはいえない。何か隠されたものがあるはずだ。

この外務省公表の「航空交通管制（改正）」はあくまでも合意の要旨にすぎない。正式な合意文書そのものではない。日米合同委員会の議事録や合意文書は、両政府の合意がない限りは非公開と、同委員会で取り決めている。

私は情報公開法にもとづき国土交通省や外務省に「航空交通管制に関する合意」（一九七五年五月八日）の合意文書の開示請求をしてみたが、やはり全面不開示だった。

ただ、同じように防衛省に対しておこなった開示請求の結果、「航空交通管制に関する合意」（一九七五年五月八日、日米合同委員会承認）の一部開示という扱いで、A4サイズ九枚の文書が交付された（文書画像1、2、3）。大部分は黒塗りの不開示だが、目次とごく一部の事務的な部分だけは開示された。目次は次のとおりである。

第一条　定義
第二条　航空交通管制業務

第三条　方式及び基準
第四条　技能証明及び認定
第五条　空港地域
第六条　業務の廃止
第七条　航空交通管制承認
第八条　空域の一時的留保
第九条　規則違反
第十条　航空分科委員会
第十一条　実施取極め等
第十二条　合意の改訂
第十三条　合意の発効

この第八条「空域の一時的留保」が、すなわちアルトラブに関するものである。条文は黒塗りで読めないが、前出の合意要旨「航空交通管制（改正）」の一文よりも約二倍の長さの文章が収まるスペースがある。そこにアルトラブの手続きに加え、提供の根拠を示すものが書かれているのであろう。

日米合同委員会の「アルトラブ密約」

そう推測させる日米合同委員会の別の合意文書がある。一九五九年六月四日付の「航空交通管制に関する合意第三附属書」（以下、「合意第三附属書」）で、次のようにアルトラブ提供の取り決めも含まれている。「第三章　方針　二、j」の条文で、文中の「空域制限」はアルトラブ

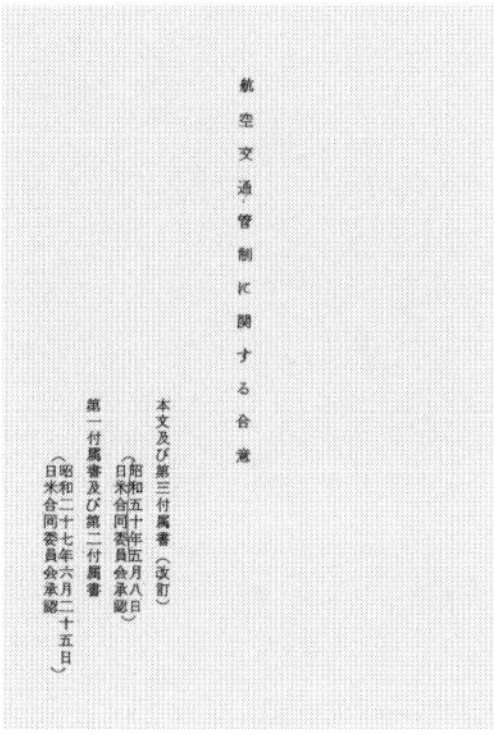

航空交通管制に関する合意

本文及び第三付属書（改訂）
（昭和五十年五月八日
日米合同委員会承認）

第一付属書及び第二付属書
（昭和二十七年六月二十五日
日米合同委員会承認）

文書画像1

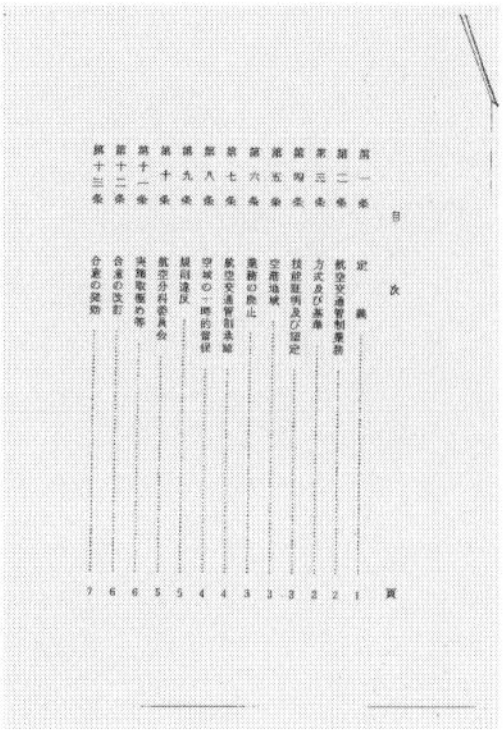

目次

		頁
第一条	定義	1
第二条	航空交通管制業務	2
第三条	方式及び基準	2
第四条	技術証明及び協定	3
第五条	空港地域	3
第六条	業務の廃止	3
第七条	航空交通管制承認	4
第八条	空域の一時的留保	4
第九条	規則違反	5
第十条	航空分科委員会	5
第十一条	実施取極め等	6
第十二条	合意の改訂	6
第十三条	合意の発効	7

文書画像2

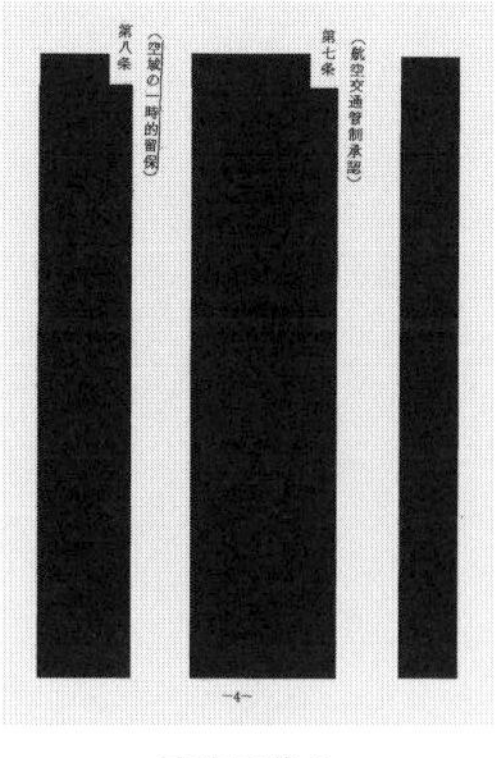

[redacted]

（航空交通管制承認）
第七条 [redacted]

（空域の一時的留保）
第八条 [redacted]

－4－

文書画像3

文書画像1 日米合同委員会の「航空交通管制に関する合意」の表紙
文書画像2 「航空交通管制に関する合意」の目次
文書画像3 黒塗りされた「航空交通管制に関する合意」のアルトラブ関連の条文

を指す。

在日合衆国軍の要求にもとづき、民間、軍を問わず、すべての航空機関に優先する空域制限（高度制限）を航空交通管制本部をして提供せしめること。

つまり日本側の航空交通管制当局は、米軍の要求に応じて最優先でアルトラブを提供する、差し出すというのである。これがアルトラブ提供の根拠とされているわけだ。しかし、この合意では、米軍という外国軍隊の要求が最優先され、民間航空機が入れない空域制限が課される。それは日本の空の主権が米軍に制約・侵害されることを意味する。

この「合意第三附属書」の「第二章　定義　二」には、アルトラブの定義がこう記されている。

『空域制限（高度制限）』——計画された任務を遂行する戦術的航空機に独占使用させるため、航空交通管制本部によってあらかじめ指定された一定の空域。

アルトラブはまさに米軍機に「独占使用させるため」に設けられる「一定の空域」であることがわかる。

「合意第三附属書」は非公開の文書だ。そこに、米軍の要求にもとづくアルトラブ提供の取り決めが書かれている。「すべての航空機関に優先」して米軍機に「独占使用させる」ための空域制限アルトラブは、米軍に特権を認めるものだ。それを日米合同委員会の密室で合意したのである。まさに「米軍機アルトラブ密約」といえる。

なお「合意第三附属書」は『日米安保条約全書』（渡辺洋三・吉岡吉典編、労働旬報社、一九六八年）に、編者が独自に入手したもの（和文）を載せている。

「合意第三附属書」は一九七五年の「航空交通管制に関する合意」が成立した際に、失効したとされる。だが、アルトラブの提供は続いていることから、上記の部分が七五年以降も提供の根拠として、この「航空交通管制に関する合意」の第八条に組み込まれたのではないだろうか。そして、その部分は外務省公表の要旨では伏せられたのではないか。アルトラブ提供の根拠は秘められたままだ。密約は生きていると考えられる。

米軍機への優先的取り扱いの密約

さらに、「航空交通管制に関する合意」には、米軍機に航空管制上の「優先的取り扱いを与える」という特権を認める取り決めも含まれている。私が信頼できる取材ルートを通じて、独自にその一部を入手した英文の「航空交通管制に関する合意」に記載されている。

それは「AGREEMENT RELATING TO AIR TRAFFIC CONTROL」（「航空交通管制に関する合意」一九七五年五月八日、日米合同委員会承認）の第七条「AIR TRAFFIC CONTROL CLEARANCE」（航空交通管制承認）である。日本語に訳すと次のとおりだ。

日本国政府は、次の各号に掲げる航空機について、アメリカ政府の要請に応じ、航空交通管制承認に関し、優先的取り扱いを与える。

A．防空任務に従事する航空機。

B．あらかじめ計画され、その飛行計画について関係の航空交通管制機関と調整された戦術的演習に参加する航空機。

アルトラブはこの「優先的取り扱い」の最たるものだ。前出の「合意第三附属書」で、アルトラブは「計画された任務を遂行する戦術的航空機に独占使用させる」ための「一定の空域」と定義されている。アルトラブを使用する米軍機は上記の「B」に当てはまると考えられる。

しかし、米軍に対し航空交通管制承認の「優先的取り扱いを与える」との規定は、地位協定の条文にはない。国内法である航空法にも、地位協定の実施に伴う航空法特例法にもない。アルトラブ同様、ただ日米合同委員会の密室の合意で取り決めているだけなのだ。しかも、その合意文書を非公開としている。まさに「航空管制・米軍機優先密約」といえる。

このような米軍優先の結果、民間機の安全かつ効率的な運航が阻害され、軍事空域アルトラブすなわち「空の米軍基地」が密かに増殖しているのである。

国会で暴露された日米合同委員会の秘密文書

日本政府は国会で、アルトラブに関する野党議員の質問に対して、「日米合同委員会の申し合わせにより、米軍の行動に関する問題については了解がない限り公表しない約束になっている」（一九八四年二月二一日、衆議院予算委員会、運輸省〔現国土交通省〕の山本長航空局長）などの答弁を繰り返し、アルトラブの情報を隠しつづけてきた。

そして、このようにアルトラブについて具体的な答弁をしないのも、航空情報ノータムで明示しないのも、関連文書を公開しないのも、実は日米合同委員会の密約があるからだと明らかになった。

二〇一九年二月二二日の衆議院予算委員会で、穀田恵二衆院議員（共産党）が独自に入手した日米合同委員会の秘密の合意文書を暴露したのである。

それは一九七五年四月三〇日付「秘　無期限」扱いの、「MEMORANDUM OF UNDERSTANDING」（「了解覚書」）という文書だ。日米合同委員会の日本側代表の外務省アメリカ局（現北米局）長とアメリカ側代表の在日米軍司令部参謀長の署名もある。

日本語訳の標題は「米軍航空機の行動に関する情報の不公開について」。米軍機の飛行計画やアルトラブなどに関する情報は、日米両政府の合意なしには一切公表せず、秘密にするとの取り決めである。

謎に覆われた日米合同委員会の合意文書が明るみに出されるのは、きわめて稀で重大なニュースだ。

問題の文書はA４判で三枚。一枚目は外務省で対米政策を担当するアメリカ局長から、航空行政を管轄する運輸省航空局長あて、昭和五〇年（一九七五年）五月一四日付の「米軍用機の活動に関するデーターの不公表について」。その一枚目（文書画像4）にはこう書かれている。

5月8日の第316回日米合同委員会において標記の件に関しMemorandum of Understandingが別添（写）の通り承認されましたので、通報します。

そして、写しの送付先は防衛庁（現防衛省）防衛局長と付記されている。二枚目（文書画像5）がその「MEMORANDUM OF UNDERSTANDING」（「了解覚書」1975年4月30日付）という英文の正式な合意文書である。当時の日米合同委員会の日本側代表、山崎敏夫外務省アメリカ局長と、アメリカ側代表のローレンス・スノーデン在日米軍司令部参謀長の署名もある。日本語訳は三枚目（文書画像6）にあり、標題は「米軍航空機の行動に関する情報の不公開について」で、次のように記されている。文中の「高度留保」がアルトラブを指す。

議事録は両国政府の公文書と見做し、双方の合意なくして公表しないものとする。

覚書　昭和50年4月30日

標題：米軍航空機の行動に関する情報の不公開について。

1．関連文書

a．航空交通管制に関する昭和27年（1952年）の合意およびその第3付属書。

b．昭和49年（1974年）12月12日付け民間航空分科委員会の勧告：航空交通管制に関する合意。

2. 両国政府は、飛行計画、交信記録、航空機運航票記載事項又は高度留保要求等の個々の米軍機の行動に関する事項は、いずれの政府も双方の合意なしには公表しないものである旨、了解する。

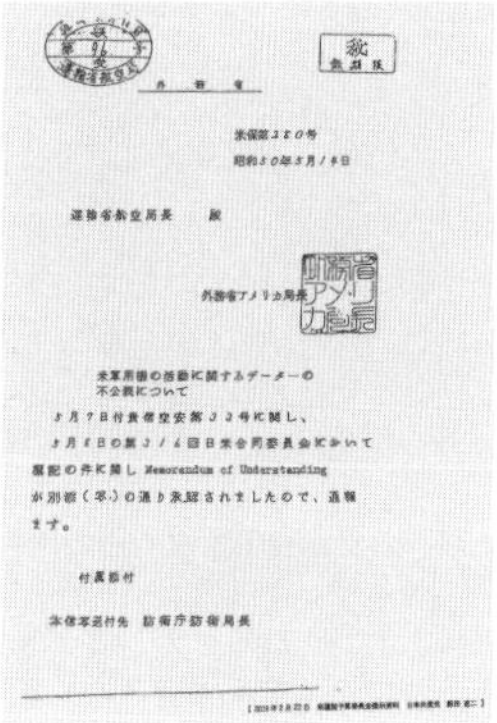

秘
無期限

外務省

米保第２８０号
昭和５０年５月１４日

運輸省航空局長　殿

外務省アメリカ局長

米軍用機の活動に関するデーターの不公表について

５月７日付貴信空安第３２号に関し、５月８日の第３１６回日米合同委員会において標記の件に関し Memorandum of Understanding が別添（写）の通り承認されましたので、通報します。

付属添付

写送付先　防衛庁防衛局長

文書画像4

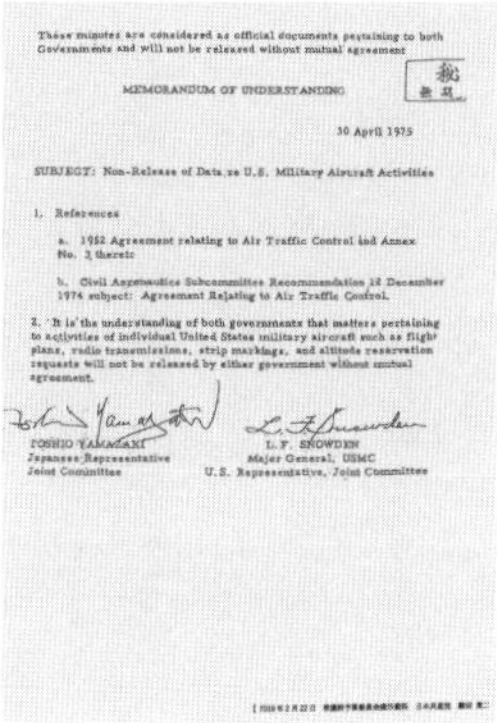

These minutes are considered as official documents pertaining to both Governments and will not be released without mutual agreement

秘
無期限

MEMORANDUM OF UNDERSTANDING

30 April 1975

SUBJECT: Non-Release of Data re U.S. Military Aircraft Activities

1. References

a. 1952 Agreement relating to Air Traffic Control and Annex No. 3 thereto

b. Civil Aeronautics Subcommittee Recommendation 12 December 1974 subject: Agreement Relating to Air Traffic Control.

2. It is the understanding of both governments that matters pertaining to activities of individual United States military aircraft such as flight plans, radio transmissions, strip markings, and altitude reservation requests will not be released by either government without mutual agreement.

TOSHIO YAMAZAKI
Japanese Representative
Joint Committee

L. F. SNOWDEN
Major General, USMC
U.S. Representative, Joint Committee

文書画像5

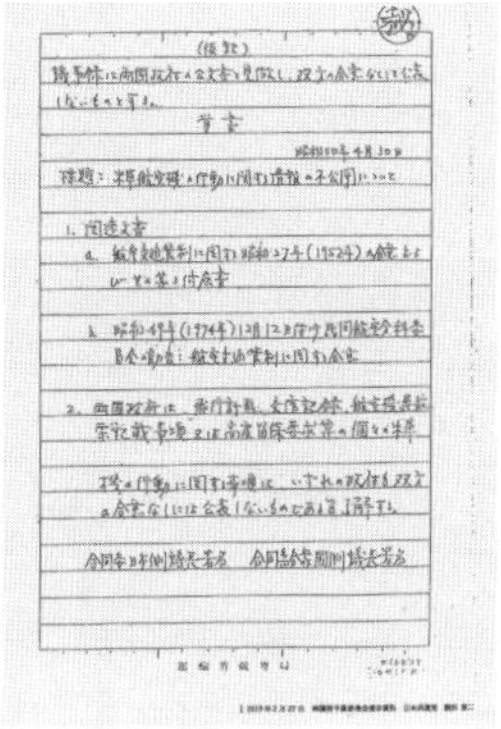

（仮訳）
議事録は両国政府の公文書と見做し、双方の合意なくしては公表しないものとする。

覚書

昭和50年4月30日

標題：米軍航空機の行動に関する情報の不公開について

1. 関連文書
a. 航空交通管制に関する昭和27年（1952年）の合意および第3付属書
b. 昭和49年（1974年）12月12日付民間航空分科委員会勧告：航空交通管制に関する合意

2. 両国政府は、飛行計画、交信記録、航空機運航票記載事項又は高度留保要求等の個々の米軍機の行動に関する事項は、いずれの政府も双方の合意なしには公表しないものである旨了解する。

合同委日本側議長署名　合同委米国側議長署名

文書画像6

文書画像4「米軍用機の活動に関するデーターの不公表について」文書（穀田恵二衆院議員提供）

文書画像5 日米合同委員会の合意文書「了解覚書」（穀田恵二衆院議員提供）

文書画像6「了解覚書」の日本語訳文書（穀田恵二衆院議員提供）

要するに、日米両政府は米軍機の飛行計画《フライト・プラン》やアルトラブの要求など、具体的な情報は原則として秘密にするとの取り決めである。前述の一九八四年当時の運輸省航空局長の国会答弁にある「日米合同委員会の申し合わせ」こそ、この秘密の合意なのである。

国会議員にさえも公開せず、航空情報ノータムでも明示しないのも、この密約があるからだ。「米軍の行動に関する問題」については、米軍側の了解がなければ、憲法で国権の最高機関と定めた国会にさえも公表できないというのである。いかに日米合同委員会が秘密のうちに米軍に特権を認めているかがわかる。

米軍機の情報を隠蔽する密約

この日米合同委員会の秘密合意を端的に表すと、「米軍機情報隠蔽密約」である。日本政府はこの合意文書にあるように、飛行計画、交信記録、高度留保すなわちアルトラブなど、「個々の米軍機の行動に関する事項」の情報を把握しているにもかかわらず、飛行訓練ルートなど詳細な情報は、国会答弁でも「承知していない」と偽って、隠してきたからだ。

また、たとえば次のように、米軍の運用に関する情報は軍事機密に属するとか、飛行計画の内容を公開するとアメリカ政府との信頼関係をそこなうおそれがあるなどの理由をつけて、非公開としてきた。

米軍機の飛行計画の内容につきましては、米軍の運用に関わる事項であるので、明らかにすることは差し控えさせていただきたい。

――一九九八年三月二四日、参議院予算委員会、藤井孝男運輸大臣の答弁

フライト・プランの通報があるが、それは航空交通の協調、整合のために出しているのであり、それ以外の目的のためには出せない。同時に、米軍の個々の航空機の行動は機密である。

――一九八一年四月一六日、参議院内閣委員会、外務省・淺尾新一郎北米局長の答弁

航空法にもとづき、個々の米軍機の飛行計画は自衛隊経由で国土交通省に事前に通報されている。出発飛行場、出発時刻、飛行ルート、高度、目的飛行場、所要時間などの情報を政府は把握しているのだ。しかし、それを隠してきたのは、背後に日米合同委員会の密約があるからにちがいない。

米軍は低空飛行訓練もふくめ、日本におけるすべての米軍機の飛行計画を、日本政府当局に通報しなければならない。それは次のように政府も国会答弁で認めている。

〔米軍機も〕航空法第九七条及び航空法特例法にもとづき、飛行する場合には国土交通大臣に対して飛行計画の通報が必要となる。

――二〇一五年三月三〇日、参議院予算委員会、太田昭宏国土交通大臣の答弁

飛行計画には、航空機の国籍記号、無線呼出し符号、航空機の型式、機数、出発地、出発時

刻、巡航高度、航路、最初の着陸地、到着予定時刻などを記載しなければならない。それは航空法で定められ、民間機も、自衛隊機も、米軍機も同じである。

米軍機の場合は、「自衛隊の飛行計画を取り扱うシステムを経由して、国土交通大臣の飛行計画を取り扱うシステムへ通報される」（二〇一五年三月二〇日、参議院予算委員会、国土交通省・田村明比古航空局長の答弁）。

たとえば米海軍厚木基地から米海兵隊岩国基地への低空飛行訓練の場合、「米軍機が所属する部隊から厚木基地の海上自衛隊厚木航空基地に通報される。その後、最終的には国土交通省の飛行情報管理システム〔ＦＤＭＳ〕に配信する」（同前、防衛省・深山延暁運用企画局長の答弁）。

米軍から通報される飛行計画

つまり日本政府は米軍機がどのルートをいつ飛ぶのか、そのつど自衛隊と国土交通省のコンピューターシステム経由で、米軍から通報された飛行計画を通じて把握しているのだ。その通報は通常、飛行開始の一、二時間前にされるという。

航空法第九七条一項は、計器飛行方式（航空機の各種計器を用いながら、航空管制官の指示や承認を受けて飛行する方法）で飛ぶ航空機は、国土交通大臣に飛行計画を通報し、航空管制上の承認を受けなければならないと定めている。

また同条二項は、有視界飛行方式（航空管制官の指示や承認を受けず、パイロットの目視によって飛行する方法）で飛ぶ航空機は、国土交通大臣に飛行計画を通報しなければならないと定めている。

米軍機の場合、日米地位協定の実施に伴う航空法特例法により、航空法の「航空機の運航」に関わる第六章（第五七条～第九九条の二）が適用除外になっていて、最低安全高度や夜間飛行の際の灯火義務などは守らなくてもいい。

ただし、航空法特例法の施行令によって、航空法の第六章の中でも航空交通の指示（第九六条）、航空交通情報の入手のための連絡（第九六条の二）、飛行計画及びその承認（第九七条）、到着の通知（第九八条）の規定は、米軍機にも適用される決まりになっている。

これは、米軍機といえども、国土交通大臣が民間航空機、自衛隊機と併せて国内の航空機の運航情報を一元的に把握し、安全の確保のために必要な航空交通の指示ができなければならないからである」（「日本全土をオスプレイの訓練場にしてよいか？」）

――福田護著／『月刊社会民主』二〇一四年一〇月号　社会民主党

米軍機と民間航空機や自衛隊機がニアミスや衝突事故などを起こさないよう、航空交通の安全性を高めるために、国土交通省への飛行計画の通報システムがあるわけだ。国土交通省の航空管制官が必要に応じて民間航空機に対し、米軍機の飛行情報を知らせるためには、米軍機の飛行計画を把握しておかなければならないのである。

米軍機の飛行情報の公表を求める自治体

これまで政府は、このような密約文書の存在を認めていなかった。だが、穀田議員の実物を示しての追及に、河野太郎外相（当時）と石井啓一国土交通相（当時）は、文書の存在を認めざるをえなかった。岩屋毅防衛相（当時）はノーコメントで応じた。

ただし防衛省は後日、文書の存在を認めた（『東京新聞』二〇一九年八月一二日朝刊）。

ところが、この密約を「ただちに無効に」して、「米軍機の情報開示をおこなうべきではないか」という穀田議員の質問に対し、河野外相は「そのつもりはございません」と拒み、あくまでも米軍機の情報を秘匿する姿勢を崩さなかった。それに対し、穀田議員はなぜ米軍機の情報開示が必要なのかを、こう説いた。

「全国知事会が昨年〔二〇一八年〕七月、全会一致で採択した日米地位協定の抜本的見直しを求める提言で、なぜ米軍機の訓練ルートや時期の事前情報の提供を求めたのか。それは、住民の命と暮らしを最優先に考える自治体の長としての当然の責務なんですね。独立国としての当然の要求だからであります」

全国各都道府県の知事で構成する全国知事会は、オスプレイなど米軍機の飛行訓練に関する情報の事前提供を求めている。二〇一八年七月二七日に開催された全国知事会議では、日米地位協定の抜本的見直しを求める「米軍基地負担に関する提言」を採択し、外務省と防衛省に対し要請活動をおこなった。その提言には、こう書かれている。

基地周辺以外においても艦載機やヘリコプターによる飛行訓練等が実施されており、騒音被害や事故に対する住民の不安もあり、訓練ルートや訓練が行われる時期・内容などについて、関係の自治体への事前説明・通告が求められている。

米軍機による低空飛行訓練等については、国の責任で騒音測定器を増やすなど必要な実態調査を行うとともに、訓練ルートや訓練が行われる時期について速やかな事前情報提供を必ず行い、関係自治体や地域住民の不安を払拭した上で実施されるよう、十分な配慮を行うこと。

この全国知事会の提言は史上初めて知事会の総意として、米軍優位の不平等な地位協定を抜本的に見直し、改めなければならないとする画期的なものである。

本来、米軍は地位協定にもとづくとされる専用の訓練空域内で飛行訓練をすべきなのに、全国どこでも制約なしに飛び回って、住民に騒音と危険をもたらしている。自治体が住民の不安を踏まえて、米軍機の情報提供を求めるのは当然のことだ。

二〇一九年七月に開かれた全国知事会議でも、「三沢基地の米軍機が超低空飛行で訓練して問題になった。米軍は訓練を自由にでき、日本国民の民主的統制が及ばない」（岩手県知事）、「県や市町村は情報を一定程度把握しないと、（事故など不測の事態があっても）何が起きたのか分からない」（秋田県知事）、「米軍に関する情報を公開していく基本姿勢が重要だ」（兵庫県知事）

など、各知事から米軍機の低空飛行訓練を問題視し、事前の情報提供を求める発言が相次いだ（『信濃毎日新聞』二〇一九年七月二五日）。

さらに、二〇二〇年一一月の全国知事会議においても、新たな「米軍基地負担に関する提言」が採択された。それは日本政府に対して、飛行訓練など米軍の基地外での演習・訓練を「必要最小限とする」よう取り組むことを求め、低空飛行訓練の事前の情報提供を引き続き求めている。そして、地位協定の抜本的な見直しを次のようにあらためて訴えている。

日米地位協定を抜本的に見直し、米軍機の飛行について最低安全高度を定める航空法令や航空機騒音の環境基準を定める環境法令などの国内法を原則として米軍にも適用させることや、事件・事故時の自治体職員の迅速かつ円滑な立入の保障などを明記すること。

そもそもアメリカ国内では、低空飛行訓練はほとんど人家のない砂漠地帯などで実施されている。ところが、米軍は日本では住宅地上空でもおかまいなしに訓練をする。対米従属の日本政府は、それを止めさせようともしない。

自治体がせめて飛行ルートや訓練の時間を知らせてほしいと求めても、日米合同委員会の密約による情報隠蔽が続いている。国民の安全・安心よりも米軍の軍事的都合を優先させているのである。

米軍機の危険な低空飛行訓練

防衛省によると、地位協定にもとづくとされる米軍の訓練空域は二八ヵ所ある。しかし実際には、Ｆ16戦闘機、ＦＡ18戦闘攻撃機、Ｃ１３０輸送機、オスプレイなど多くの米軍機が、これらの訓練空域以外の日本の陸地の上空でも自由に訓練飛行をおこなっている。

米軍は地位協定上の法的根拠もなく、北海道から沖縄まで全国各地に、新聞社の調査などで判明しただけでも八本の低空飛行訓練ルートや、関東から中部にかけての飛行訓練エリアを勝手に設定している（図６）。

写真4 訓練飛行をする米軍戦闘機

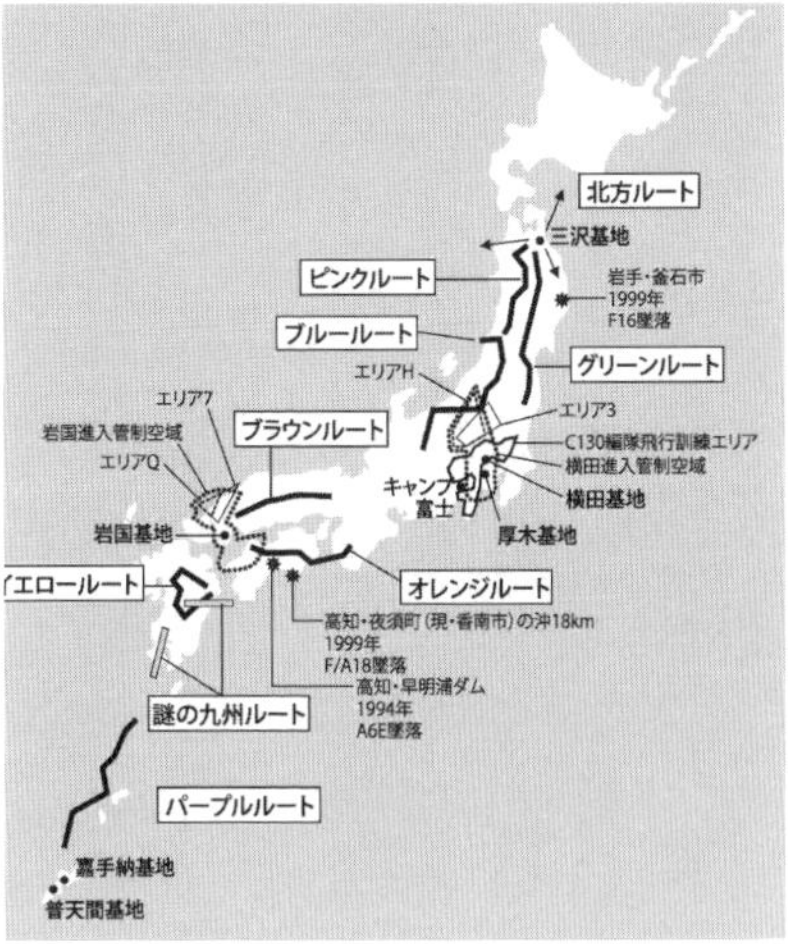

図6 米軍機の低空飛行訓練ルートや飛行訓練エリア
（塩川鉄也衆院議員のHP掲載資料より）

また、広島県と島根県にまたがる一帯の上空など、自衛隊訓練空域もひんぱんに使っている。そして、ダムや発電所や橋などを標的に見立て、低空で飛来しての対地攻撃訓練（射爆撃は伴わない）などをおこない、地域住民に騒音被害と墜落や部品落下など事故の危険をもたらしている。

しかも、米軍は地位協定の実施に伴う航空法特例法により、航空法が定めた航空機の安全運航の規定を適用除外され、守らなくていい特権を有している。たとえば、人口密集地上空では航空機を中心として水平距離六〇〇メートルの範囲内の最高建造物の上端から三〇〇メートル、それ以外の地域及び水面の上空では一五〇メートルという最低安全高度の遵守、夜間飛行での灯火義務、飛行禁止区域の遵守、衝突予防義務、編隊飛行・曲技飛行の禁止などである。

米軍機に対し安全面で大きな不安を持たれるのも無理はない。

だから、米軍機が飛行訓練をおこなう地域の自治体にとって、どのようなルートと高度で、いつ飛来するのかという情報は、住民の安全・安心のためにも必要なものだ。たとえば自治体の消防防災ヘリやドクターヘリ（医師や看護師が同乗して患者を緊急搬送する）とのニアミスや衝突を防ぐためなどである。米軍機の飛来情報があれば、ヘリのパイロットが安全確認の注意をより払いやすくなる。

二〇二一年二月一日、低空飛行訓練ルート（通称オレンジルート）が通る徳島県牟岐町の中心部の上空で、米軍のジェット戦闘機とドクターヘリの異常接近が起きた。空中衝突の危険をはらむ事態である二〇一九年四月一一日には、同じくオレンジルートが通る高知県北部の本山町上空で、米軍のジェット戦闘機二機が超低空で飛行訓練をした約四〇分後に、同じ空域でドクターヘリが患者を緊急搬送した。もしも米軍機の飛来と時間が重なっていたら、衝突事故などにつながるおそれもあった。

二〇一七年一二月には、徳島との県境付近の上空を飛行していた高知県の消防防災ヘリに、突如、米軍機が後方から急接近し、ニアミスの状態で抜き去ったという。ヘリの操縦士は、ヘリと米軍機はほぼ同じ高度で、距離は目視で二〇〇メートルほどだったと証言した。また、同年四月には高知県北部の嶺北地域上空で、米軍機の超低空飛行の約四〇分後に高知医療センターのドクターヘリが同じ空域を飛ぶ事態も起きていた（『高知新聞』二〇一九年五月八日）。

さらに高知県では二〇一一年にも、消防防災ヘリの訓練と同時間帯に三機の米軍機が低空飛行訓練をし、ヘリのパイロットが危険を感じる事態が起きていた。

米軍機の飛行情報を秘匿する政府

高知県は政府に対し、米軍機の飛行訓練の事前の情報提供などを繰り返し要請している。二〇一九年四月一二日付の知事名義の要請書では、まず米軍機の爆音による騒音被害と事故の危険性を、こう訴えている。

長年にわたって県北部の嶺北地域などの住民は爆音に悩まされ続けています。特に本県では、過去に四回もの米軍機の墜落事故が発生しており、中でも、当地域の早明浦ダムでは平成六年一〇月に訓練中の米軍機が墜落する事故が発生しておりますため、住宅地上空で繰り返される超低空飛行は、強い恐怖と不安を与えています。

消防防災ヘリやドクターヘリの飛行状況についても、具体的に説明している。

山間部を多く有する本県では、医療救急活動等のため消防防災ヘリやドクターヘリが日常的に飛行しております。とりわけオレンジルートを含む市町村管内には、計五〇箇所のヘリコプター離着陸場があり、昨年度は延べ一〇四回もの離発着やホバリングが行われています。

そして、安全確保のためにあらゆる飛行訓練のルートや時期の事前の情報提供を、次のように強く求めている。

飛行時間やルートの告知も無く、米軍機が突然飛来し低空飛行を行うことは、空の安全を大きく脅かすものであります。こうした危険性の高い低空飛行訓練が続けられていることは、県民の安全・安心を守る立場の者として遺憾であります。

米軍機による低空飛行訓練等については、訓練ルートや訓練が行われる時期について速やかな事前情報提供を必ず行うこと。住民に不安や安全への懸念を抱かせるような危険性の極めて高い超低空飛行訓練など異常な訓練は行わないこと。

この超低空飛行訓練とは、前出の航空法の最低安全高度以下で飛ぶ場合を指す。

このように自治体は住民の安全・安心を守るという、当然の責務を果たすために、事前の情報提供を求め続けている。しかし、これまで情報提供は一度もない。高知県危機管理・防災課の担当者に話を聞くと、米軍機に関する情報提供の重要性をこう訴えた。

「今年〔二〇一九年〕四月一一日の出来事でもそうですが、日頃から住民は米軍機の低空飛行訓練に対し不安の声をあげています。自治体には住民の安全・安心を確保する責務があります。しかし、政府は事前の情報提供をしません。けれども、全国知事会が米軍機の訓練ルートや時期の事前の情報提供を求めているのと同じように、私たちも住民の不安を払拭するための情報提供を求め続けます」

山間部の多い高知県では、救急搬送や山火事対応などで県のヘリコプターが、年間一二〇〇回ほど出動している。もしも米軍機の飛行時間やルートを事前に把握できたら、「米軍機のルートを避けて、ヘリの着陸場所を調整することはできる。だいぶ飛びやすくなるだろう」と、高知県消防防災航空隊の篠崎浩隊長は、『東京新聞』石井紀代美記者の取材に語っている。同隊長は二〇一七年一二月に、後方から飛来した米軍機に目視で約二〇〇メートルという近距離で追い抜かれた前出の消防防災ヘリを操縦していた（『東京新聞』二〇一九年八月一二日朝刊）。

住民の安全な生活を脅かす低空飛行訓練

こうした要請は、やはり米軍の低空飛行訓練ルートのひとつブラウンルート沿いの、中国地方の各県（鳥取、島根、岡山、広島、山口）知事から成る中国地方知事会も政府に対しおこなっている。

たとえば二〇一四年五月二八日の「住民の平穏な生活を乱す米軍機の飛行訓練への対策について」という要請書では、米軍機の「飛行訓練の事前の情報提供」を政府に求めた。なお、島根県と広島県にまたがる自衛隊の訓練空域（「エリアQ」と「エリア7」）でも、米軍が激しい低空飛行訓練を続けている。

要請書ではまず、中国地方での長年にわたる米軍機の飛行訓練の被害を訴えている。

日米合同委員会合意において妥当な考慮を払うとされている学校上空での飛行や、民家土蔵の倒壊、窓ガラスの破損などの実害も生じており、依然として事態の改善が図られていない状況にある。

そして、繰り返されるオスプレイの事故の原因と再発防止のための安全対策などについて、政府に対し「十分な説明を行うよう要請」をしてきたが、「未だ地域住民の安全性への懸念は払拭されていない」と指摘したうえで、次のように求めている。

住民の不安を軽減するため、住民生活に影響が大きい訓練については、その訓練予定日や飛行ルートなどの訓練内容を、国の責任において、関係自治体や住民に事前に情報提供を行うこと。

さらに、「日米合同委員会合意を遵守し、住民に危険を及ぼし不安を与え、住民の平穏な生活を乱すような飛行訓練が行われないよう措置すること」とし、実質的に低空飛行訓練の中止も求めている。中国地方知事会による同様の要請は毎年のようにおこなわれている。

写真5 横田基地に着陸する米軍CV22オスプレイ

背後に日米合同委員会の密約が

また、横田基地（東京都）へのCV22オスプレイ配備に伴い、飛行訓練がおこなわれる地域の自治体が、訓練の日時や飛行ルートなど関連情報の事前提供を防衛省などに求めている。墜落事故などの危険に対する住民の不安が大きいからである。

一一都県の市民団体からなる「オスプレイと飛行訓練に反対する東日本連絡会」（横浜市）は二〇一七年、東京都と、埼玉・

群馬・栃木・福島・新潟・長野の各県と、それら七都県にある七四市町村、合わせて八一の自治体を対象に、「オスプレイ飛行訓練下自治体アンケート」を実施した。

二〇一八年一月一八日に公表されたアンケート結果（回答した自治体は五八）によると、「オスプレイの横田基地配備や飛行訓練について必要としている情報」として、大半の自治体が安全対策や地域住民の安全と環境への影響と並んで、飛行訓練の日時・飛行ルート・訓練内容に関する情報をあげ、「訓練のある日を伝えてほしい」と政府に要望したいと答えている。

前出の穀田議員も国会質問で、二〇一九年二月の陸上自衛隊饗庭野演習場（滋賀県高島市）での日米共同訓練に際し、関係自治体の再三の要求にもかかわらず、米軍のオスプレイの飛行ルートが公表されず、そのため、突然の飛行音に驚いた市民から高島市と大津市で二〇件もの通報が寄せられたことを指摘した。オスプレイは事故率が高く、安全性に大きな懸念を持たれている垂直離着陸輸送機だ。

本来、米軍は地位協定にもとづくとされる専用の訓練空域内で飛行訓練をすべきなのに、全国どこでも制約なしに飛び回って、住民に騒音と危険をもたらしている。自治体が住民の不安を踏まえて、米軍機の情報提供を求めるのは当然である。

繰り返し述べてきたように、自治体がせめて飛行ルートや訓練の時間を知らせてほしいと、切実な要請を続けているにもかかわらず、政府は事前の情報提供に頑として応じない。その背後には日米合同委員会の「米軍機情報隠蔽密約」があると考えられる。

現に、この米軍機の情報を非公開とする日米合同委員会の合意があるから、自治体に情報提供ができないのかという、『東京新聞』石井紀代美記者の問いに、日米合同委員会の日本側の事務を担当する外務省の北米局日米地位協定室の川埜周《かわのしゅう》室長は、「無関係ではないと思う」と、あいまいにではあるが答えている（『東京新聞』二〇一九年八月一二日朝刊）。

米軍の軍事的都合を優先

米軍機の飛行計画を公表しない法的根拠について、政府は国会で野党議員の質問に対し次のように答弁している。日米合同委員会の日本側代表、外務省北米局長の見解である。

米軍機のフライトの詳細について提出できないという根拠は何かということ。これは地位協定第六条にもとづき、米軍機をふくめて非軍用、軍用機等の航空安全のための整合性を図るということになっているが、そのためにフライト・プランの通報がある。それはまさに航空交通の協調、整合のために出しているわけで、それ以外の目的のためにこのフライト・プランは出せない。それは同時に、アメリカの軍隊の個々の航空機の行動についてはアメリカの軍隊の機密である。

——一九八一年四月一六日、参議院内閣委員会、外務省・淺尾新一郎北米局長の答弁

地位協定第六条は航空交通・通信体系の日米協調に関する条項で、こう定めている。

すべの非軍用及び軍用の航空交通管理及び通信の体系は、緊密に協調して発達を図るものとし、かつ、集団安全保障の利益を達成するため必要な程度に整合するものとする。

上記の国会答弁で淺尾北米局長は、「米軍機をふくめて非軍用、軍用機等の航空安全のための整合性」と「航空交通の協調」のために、フライト・プランすなわち飛行計画の通報があると説明している。

そうであるなら、自治体の消防防災ヘリやドクターヘリという非軍用機と米軍機という軍用機の、航空安全のための整合性と航空交通の協調のためにこそ、飛行計画の通報があるわけで、その内容を自治体に伝えても何ら問題はないはずだ。

むしろ航空安全のための整合と航空交通の協調という目的を達成するには、関係自治体に対して積極的に事前に情報を提供すべきなのではないか。航空法特例法で米軍に認められたさまざまな適用除外の規定を、あえてこの飛行計画の通報に関する部分では当てはめずに、適用する措置をとっているのも、そのためなのである。

政府は国民の安全・安心よりも、日米合同委員会の密室の合意と米軍の軍事的都合を優先させているとしか言いようがない。

日本上空「植民地化」ではないのか

米軍の勝手放題の飛行訓練とその情報隠蔽――。日本上空「植民地化」ともいえる状態ではないか。

日米両政府はなぜ米軍機の飛行ルートなどの情報を隠すのか。前述のように日本政府は国会答弁で、米軍機の飛行計画などを公表しない理由を、「個々の航空機の行動は米軍の機密だから」と説明している。

しかし、繰り返し指摘するが、航空法にもとづく飛行計画の通報は、民間機と軍用機を含めた航空安全と航空交通の協調のための規定である。米軍の低空飛行訓練が消防防災ヘリやドクターヘリの安全を脅かしている現実がある以上、軍事機密を持ち出して自治体への情報提供を拒むのは道理に合わない。航空法の規定にも反しているといえる。

また別の理由としては、飛行ルートが知られることで、米軍の活動に対する自治体や住民の反対が強まるのを避けたい面もあるのではないだろうか。そう推測させる、日米合同委員会の秘密文書も存在する。穀田議員が入手した「オスプレイに関する日米合同委員会（概要）」（二〇一二年七月二六日付）で、「取扱厳重注意」と記されている。（文書画像7）

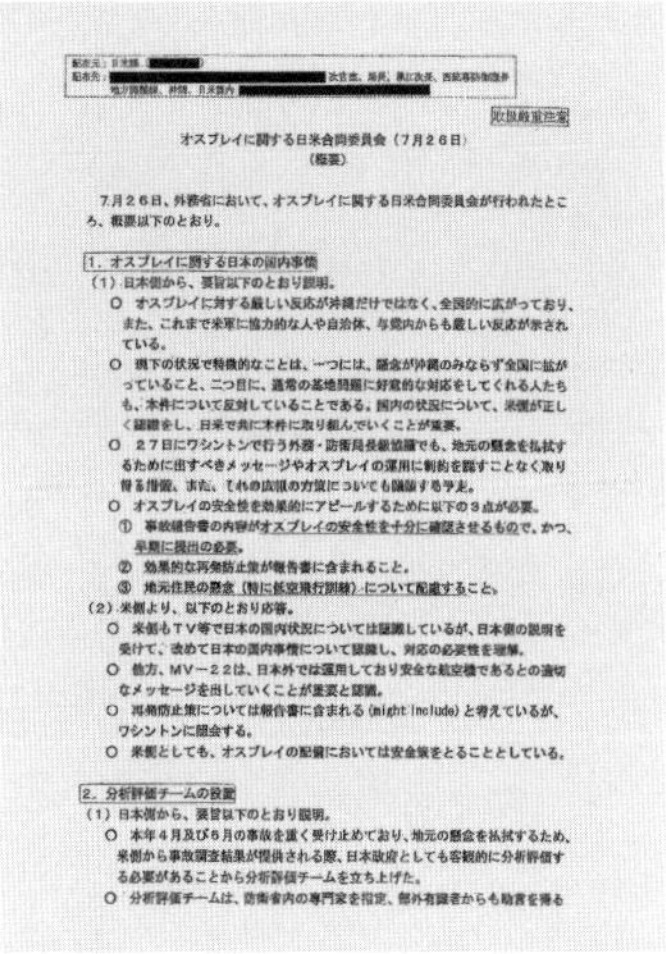

配布元：日米課、[redacted]
配布先：[redacted] 次官室、局長、参事官、西部事務所…
地方協力局、外務、日米管内 [redacted]

取扱厳重注意

オスプレイに関する日米合同委員会（7月26日）
（概要）

7月26日、外務省において、オスプレイに関する日米合同委員会が行われたところ、概要以下のとおり。

1．オスプレイに関する日本の国内事情
（1）日本側から、要旨以下のとおり説明。
○ オスプレイに対する厳しい反応が沖縄だけではなく、全国的に広がっており、また、これまで米軍に協力的な人や自治体、与党内からも厳しい反応が示されている。
○ 現下の状況で特徴的なことは、一つには、懸念が沖縄のみならず全国に拡がっていること、二つ目に、通常の基地問題に好意的な対応をしてくれる人たちも、本件について反対していることである。国内の状況について、米側が正しく認識をし、日米で共に本件に取り組んでいくことが重要。
○ 27日にワシントンで行う外務・防衛局長級協議でも、地元の懸念を払拭するために出すべきメッセージやオスプレイの運用に制約を課すことなく取り得る措置、また、それの広報の方策についても議論する予定。
○ オスプレイの安全性を効果的にアピールするために以下の3点が必要。
① 事故報告書の内容がオスプレイの安全性を十分に確認させるもので、かつ、早期に提出の必要。
② 効果的な再発防止策が報告書に含まれること。
③ 地元住民の懸念（特に低空飛行訓練）について配慮すること。
（2）米側より、以下のとおり応答。
○ 米側もTV等で日本の国内状況については認識しているが、日本側の説明を受けて、改めて日本の国内事情について認識し、対応の必要性を理解。
○ 他方、MV－22は、日本外では運用しており安全な航空機であるとの適切なメッセージを出していくことが重要と認識。
○ 再発防止策については報告書に含まれる（might include）と考えているが、ワシントンに照会する。
○ 米側としても、オスプレイの配備においては安全策をとることとしている。

2．分析評価チームの設置
（1）日本側から、要旨以下のとおり説明。
○ 本年4月及び6月の事故を重く受け止めており、地元の懸念を払拭するため、米側から事故調査結果が提供される際、日本政府としても客観的に分析評価する必要があることから分析評価チームを立ち上げた。
○ 分析評価チームは、防衛省内の専門家を指定、部外有識者からも助言を得る

文書画像7「オスプレイに関する日米合同委員会（概要）」文書（穀田恵二衆院議員提供）

二〇一二年一〇月のオスプレイ（米海兵隊のMV22オスプレイ）の普天間基地（沖縄

県）配備が迫るなか、外務省で開かれたこの日米合同委員会では、オスプレイ配備に対する日本国内の反応を中心に協議が進んだ。日本側はこう説明した。

オスプレイに対する厳しい反応が沖縄だけではなく、全国的に広がっており、また、これまで米軍に協力的な人や自治体、与党内からも厳しい反応が示されている。

そして、オスプレイ配備に向けて米軍が作成・公表した「環境レビュー」（環境審査報告書）で、米軍機の低空飛行訓練ルートが初めて明らかにされた点に苦情を述べた。

環境レビューに低空飛行訓練のルートが掲載されたため、低空飛行訓練が全国的な問題となっており、日本側が対応に苦慮している。

それに対しアメリカ側は、こう釈明した。

環境レビューは日本の事情や今までのやりとりをよく知らないワシントンの関係者が作成したもの、率直に言って日本側に申し訳ないと思っている。

「今までのやりとり」とは、低空飛行訓練ルートは公表しない旨の協議が、日米合同委員会であったことを指しているのだろう。その根本には「米軍機情報隠蔽密約」があると考えられる。アメリカ側は、このような経緯を知らないワシントン勤務の軍人が作ったので、こうなってしまったと、言いわけをしているのである。

この密室協議があったからか、オスプレイ（米空軍のＣＶ22オスプレイ）の横田基地配備（当初の予定は二〇一八年一〇月）に向けた「環境レビュー」には、低空飛行訓練ルートはまったく載っていない。いかに日米合同委員会が、日本の官僚機構と在日米軍が意を通じ合い、情報隠蔽を図る場となっているかがうかがえる。

なお、この「オスプレイに関する日米合同委員会（概要）」については、二〇一六年五月一三日の衆議院外務委員会で、笠井亮議員（共産党）が同文書を独自に入手したうえで質問し、防衛省作成のものであることを明らかにしている。

前述のように、日本の空の安全を脅かす日米合同委員会の「米軍機情報隠蔽密約」が国会で暴露された。しかし、マスメディアはほとんど報じなかった。問題意識が薄いのか、米軍への特別扱いを当然視しているのか。だが、軍事優先の情報隠蔽を放置していいはずはない。

日米合同委員会の密室の合意は、地位協定にも、国内法にも根拠となる規定がなくても、米軍に特権を与える大きな力を持つ。日本の主権を侵害する場合もある。しかも合意文書は闇に隠され、国会も関与できない。密約を生み出しつづける日米合同委員会。その実態を全面的に情報公開したうえで、既存の密約を廃棄し、秘密の合意システムも廃止すべきである。

第二章

対米従属の密約文書の開示を拒む外務省は米軍と一心同体か

日本の情報公開制度に干渉する米軍

日本の情報公開制度と「知る権利」への、米軍・アメリカ政府による内政干渉、侵害ともいえる重大事件が、人知れず起きていた。

米軍機墜落事故や米兵犯罪などに対する損害賠償請求の民事裁判に、米軍側はアメリカ合衆国の利益を害する情報などを提供しなくてもよいとする密約が記された、日米合同委員会の議事録がある。それを不開示とするよう、在日米軍が外務省に密かに要請していたのである。その事実は、総務省管轄の情報公開・個人情報保護審査会（以下、情報公開審査会）の公文書から判明した。

事件の背後には、米軍の特権を認めた日米合同委員会の密約を隠蔽しようとする、外務省と在日米軍の企図が潜んでいると思われる。日米合同委員会は前述のように、日本の高級官僚と在日米軍高官から成り、日米地位協定の運用を密室で協議する機関だ。議事録や合意文書は原則非公開で、その実態は不透明きわまりない。

問題の情報公開審査会の文書は『「合意に係る日米合同委員会議事録」の不開示決定に関する件』という。二〇一六年一二月二一日付、情報公開審査会の答申書である。情報公開法にもとづく日米合同委員会議事録の開示請求に外務省が不開示決定をしたことに対して、開示請求者（氏名は非公開）が不服申し立てをした結果、情報公開審査会に諮問されていた件について答申したものだ。

この答申書には、在日米軍の日米合同委員会事務局長から外務省北米局の日米地位協定室担当者あて英文メール（二〇一六年三月二五日付）の和訳が引用されている。そこには驚くべき一節が記されていた。なお、文中の「本件対象文書」とは「合意に係る日米合同委員会議事録」を指す。

日米間での議論に基づき、米国は、情報公開審査会によって開示の対象として特定された本件対象文書の開示に同意せず、日本国政府（及び必要に応じ外務大臣）に対し、合同委員会の議事録及び関連文書に係る日米双方の共通認識に従って、審査会に対して必要な開示の撤回を求め、必要な説明を行うよう要請する。

つまり「合意に係る日米合同委員会議事録」の開示に反対する在日米軍は、米国すなわちアメリカ政府として日本政府（具体的には外務省）に対し、必要な対処を要請しているのだ。日米双方の共通認識（日米合同委員会の議事録及び関連文書は、日米双方の合意がない限り公表されない）にもとづき、情報公開審査会に対して同議事録の開示の撤回を求め、そのための説明をしてほしい、と。

まさに日本の情報公開制度への、米軍・アメリカ政府による不当な内政干渉ではないか。それは日本の国民・市民の「知る権利」を侵害することを意味する。

日米合同委員会の密約を記した議事録

情報公開審査会は情報公開法（二〇〇一年施行）と情報公開・個人情報保護審査会設置法（〇五年施行）にもとづいて設置された機関である。当初は内閣府に置かれたが、二〇一六年四月から総務省の管轄となった。情報公開の問題に詳しい法学者、弁護士、元検事、元裁判官など総理大臣任命（衆参両議院の同意を得て）の委員一五人から成り、五つの部会に分かれている。

情報公開法によって政府の行政機関に開示請求した公文書が不開示となり、その請求者が不服申し立てをした場合、それを受けた行政機関からの諮問に応じて、不開示が妥当かどうかを調査し審議する。不開示文書を行政機関に提出させ、委員が見分する（実際に文書を読んで検討する）権限を持つ。なお、委員には守秘義務が課されている。

審議の結果、開示すべきとの答申が出たら、行政機関は通常、不開示決定を取り消し、文書を開示する。また、不開示は妥当であったとの答申が出た場合、行政機関はそのまま不開示決定を維持する。

いずれにしても、情報公開審査会の審議が公正中立であるべきことは言うまでもない。外国軍隊・政府の意を汲む開示決定の撤回要求などに、決して影響されてはならないのはもちろんである。

ところが、在日米軍は内政干渉ともいえる要請を外務省にして、「合意に係る日米合同委員会議事録」の開示を阻もうとしたのである。それは、この議事録に米軍の特権を認めた密約が記されているからだと考えられる。

その密約とは、米軍機墜落事故や米兵犯罪などの被害者が損害賠償を求める民事裁判に、米軍側はアメリカ合衆国の利益を害する情報など不都合な情報は証拠のために提供しなくてもよく、そうした情報が明らかになりそうな場合は米軍人・軍属を証人として出頭させなくてもいいという合意である。

それは一九五二年七月に日米合同委員会で承認された。密室協議での合意であり、「民事裁判権密約」と呼べる。米軍にきわめて有利な内容だ。だが、日本政府は公表しておらず、存在も認めていない。

部外秘
昭和二十七年九月
民事裁判資料第二九号
刑事裁判資料第七〇号
日米行政協定に伴う民事及び刑事特別法関係資料
最高裁判所事務総局

文書画像8『部外秘 日米行政に伴う民事及び刑事特別法関係資料』

『最高裁部外秘資料』に載っていた密約文書

私がこの密約の存在を知ったのは、二〇〇九年である。ある大学図書館の書庫で、『部外秘　日米行政協定に伴う民事及び刑事特別法関係資料』（一九五二年九月）という、最高裁判所事務総局の「部外秘資料」に、密約の全文が英文と和文で載っているのを見つけた。（文書画像8）

同資料は、裁判官が米軍人・軍属・それらの家族による事件・事故に関する民事や刑事の裁判を担当する際、参考にする秘密文書だ。いわば裁判官用の裏マニュアルである。最高裁事務総局も私の問い合わせに対し、同資料を編集・発行したことを認めている。以下、『最高裁部外秘資料』と呼ぶことにする。

同資料には、当時の日米安保条約（旧安保条約）、日米行政協定（現地位協定）、民事特別法、刑事特別法の条文、米軍関係の民事裁判や刑事裁判に関する日米合同委員会の合意文書などが載っている。民事特別法と刑事特別法は、米軍関連の民事裁判権や刑事裁判権に関する行政協定の規定を円滑に実施するための国内法である。

この『最高裁部外秘資料』は大学図書館が研究資料として古書市場で入手したらしい。おそらく元裁判官の遺族が故人の蔵書を処分したときに古書店に売ったものであろう。

問題の密約文書の名は、「合同委員会第七回本会議に提出された一九五二年六月二一日附裁判権分科委員会勧告、裁判権分科委員会民事部会、日米行政協定の規定の実施上問題となる事項に関する件」（以下、「実施上問題となる事項」）という。

「実施上問題となる事項」は日米合同委員会の裁判権分科委員会民事部会（後に民事裁判管轄権分科委員会）の合意文書である。日米双方の委員が、日米行政協定第一八条（請求権・民事裁判権）の規定に関する解釈をめぐって、一一項目の疑問点を取り上げ、協議して合意した見解をまとめたものである。

それら合意した事項を議事録としてまとめ、一九五二年六月二一日付の分科委員会勧告として日米合同委員会本会議に提出。同年七月三〇日の合同委員会本会議において一部修正のうえ承認され、正式な合意文書となった。

分科委員会の日本側委員は法務府（現法務省）の高級官僚、アメリカ側委員は米陸軍法務局と幕僚部の高級将校である。それぞれの人数は不明だが、双方の担当責任者の氏名と肩書は文書の末尾にこう書かれている。

裁判権分科委員会民事部会日本側委員長　平賀健太
裁判権分科委員会日本側委員長　　鶴岡千仭
裁判権分科委員会民事部会合衆国側委員長
法務局陸軍中佐　アルドー・エイチ・ルース
裁判権分科委員会合衆国側委員長
幕僚部陸軍大佐　シー・エー・ラングフォード

なお平賀健太氏は当時の法務府民事法務長官総務室主幹で、後に法務省民事局長になり、鶴岡千仭《せんじん》氏は法務府渉外課長で、後に法務省入国管理局次長や外務省国際連合局長を歴任した。

米国の利益を害する情報は裁判所に提供しなくてもいい

「実施上問題となる事項」のなかで、問題の密約にあたる部分は第八項である。米軍関係の事件・事故の被害者が損害賠償を求める民事裁判で、裁判所が米軍に文書送付嘱託という法的手続きによって、証拠のための書類など裁判に必要な情報提供を要請した場合の、米軍（文中では合衆国軍隊）側の対応がこう書かれている。

合衆国軍隊がかかる書類及び物件を提供することを制限する法令及び規則に反しない限り、之［これ］に応ずる。

しかしながら当該情報が機密に属する場合、その情報を公開することが、合衆国政府に対する訴の提起を助け、若［も］しくは法律上若しくは道徳上の義務に違反する場合、合衆国が当該訴訟の当事者である場合、又はその情報を公にすることが合衆国の利益を害すると認められる場合には、かかる情報を公表し、又は使用に供することができない。

要するに、「［アメリカ］合衆国の利益を害する」情報など、米軍側が公表したくない情報は法廷に提供しなくてもいいのである。米軍側にきわめて有利な合意内容だ。裁判において米軍側に不利になりそうな情報、すなわち米軍にとって不都合な情報は明らかにしなくてもいいのだから。

たとえば米軍機墜落事故の被害者が、事故の真相究明とパイロットや整備士など米軍人の責任を明らかにするために、事故調査報告書などの提供を求めて、裁判所に米軍への文書送付嘱託を申請し、裁判所が米軍に書類や物件の提供を要請しても、米軍は上記のようにあれこれと理由をつけて、実質的に提供せずにすむのである。

米軍に有利な秘密合意を隠す外務省

これがなぜ密約なのかは、外務省が「日米合同委員会合意」のひとつとしてホームページで要旨だけ公表している「民事裁判管轄権に関する事項」（一九五二年七月）という文書と比べてみればわかる。

それには、「合衆国軍隊がかかる文書及び物件を提供することを制限する法令に反しない限り、これに応ずる」と書いてはあるが、前述の「しかしながら当該情報が――」以下の文章が、すべて欠落しているのだ。米軍側に有利な後半の部分を外務省が意図的に削除したと考えられる。

「実施上問題となる事項」には、日米合同委員会の裁判権分科委員会と同民事部会の日米双方の委員長名が明記され、合意の日付も記されている。一方、「民事裁判管轄権に関する事項」には、日米双方の委員長名も合意の日付も記載されていない。

つまり、正式な合意文書で内容も詳細な「実施上問題となる事項」から、米軍側に有利な部分を削って短くまとめたのが「民事裁判管轄権に関する事項」であることは、おのずから明らかである。米軍に有利な合意内容を国民・市民の目から隠しておきたい日本政府の意図が感じられる。

私は外務省や法務省に「実施上問題となる事項」について問い合わせたが、「該当する文書はない」という答えが返ってきた。情報公開法にもとづき文書開示請求もしてみたが、「本件対象文書を保有していない」という理由の不開示決定の通知書が届いただけだった。

しかし、最高裁判所が編集・発行した資料に載っている公文書が、法務省と外務省に存在しないとはとうてい考えられない。「実施上問題となる事項」には、元法務省民事局長を務めた人物の氏名が担当責任者として明記されている。外務省も日米地位協定に関して全般的に統轄する官庁であり、元外務省国際連合局長だった人物の氏名がやはり担当責任者として明記されている。

しかも、日米合同委員会の日本側代表は外務省北米局長であり、五人いる日本側代表代理には法務省大臣官房長も含まれている。行政協定だった頃の裁判権分科委員会民事部会の日本側委員長は、歴代、法務府または法務省の官僚が務めていた。一九六〇年に地位協定と改称し、民事裁判管轄権分科委員会と名称が変わってからも、法務省大臣官房審議官が日本側代表を務めている。

なお、「実施上問題となる事項」について最高裁事務総局にも問い合わせたが、「その文書については、古いことなのでわからない」と、あいまいな答えしか返ってこなかった。司法権の最高機関であるにもかかわらず、最高裁には日米合同委員会の文書について事実を解明しようという姿勢は見られない。

米軍関係者を裁判の証人に立たせない仕組み

「実施上問題となる事項」の密約にあたる部分、第八項にはさらに、米軍関係の事件・事故の被害者が損害賠償を求める民事裁判で、アメリカ合衆国の利益を害する情報などが明らかになりそうな場合、米軍関係者を証人として出頭させなくてもいいという合意も含まれている。裁判所が米軍人・軍属・それらの家族を証人として呼び出そうとした場合の、米軍側の対応について、次のように書かれているのだ。

証人の出頭に関する合衆国軍隊の法律及び規則に反しない限り異議はない。当軍隊の方針としては、軍隊の構成員及び軍属の証言が前記B（一）に掲げた種類の情報を公表するものでなく、またこれらの者が証人として出頭することが重要な軍事上の活動に支障を与えるものでない限り、これらの者が証人として民事訴訟に参加することを許すことになっている。

「前記B（一）に掲げた種類の情報」とは、前述の「しかしながら当該情報が機密に属する場合、その情報を公開することが、合衆国政府に対する訴の提起を助け、若しくは法律上若しくは道徳上の義務に違反する場合、合衆国が当該訴訟の当事者である場合、又はその情報を公にすることが合衆国の利益を害すると認められる場合」という、第八項の前半部分に出てくる「場合」にあてはまる情報を指している。

つまり、そのような情報を公表するものではなく、また重要な軍事上の活動に支障を与えるものでないかぎり、米軍人・軍属・それらの家族が証人として出頭するのを許可するというのである。

しかし、そのような情報が証言で明らかになるおそれがある場合や、重要な軍事上の活動に支障を与えそうな場合は、出頭させなくてもいいのだ。やはり米軍側に有利な合意内容となっている。

これもまた、外務省ホームページの「民事裁判管轄権に関する事項」では、裁判所が米軍人・軍属・それらの家族を証人として呼び出そうとした場合の、米軍側の対応として、出頭させることについて「原則として異議がない」と書かれてあるだけで、上記の「前記B（一）に掲げた種類の情報を――」以下の文章が、すべて抜け落ちている。やはり米軍側に有利な部分を意図的に削除したのであろう。

米軍機墜落事故の原因と責任の究明を阻む密約

これまで、米軍機墜落事故や米兵犯罪の被害者が損害賠償を求める民事裁判で、事故・事件の真相究明と責任の所在を明らかにするため、米軍の事故調査報告書や米軍人への飲酒・外出規制の記録を提供するよう、裁判所を通して求めてきた。日米地位協定第一八条に、日米両政府の当局は「公平な審理及び処理のための証拠の入手について協力する」と定めているからだ。

しかし、米軍が提供しなかったため、真相の究明と責任の追及が阻まれてきた。その背後には、前述の日米合同委員会の「民事裁判権密約」があるとみられる。

たとえば一九七七年の横浜市での米海兵隊ファントム機墜落事故の被害者で、全身火傷の重傷を負った椎葉悦子さんと夫の寅生さんが、米軍機の乗員と国（日本政府）を相手取った裁判でも、米軍の事故調査報告書は提供されなかった。

「妻に重傷を負わせ、私たちの生活を破壊した墜落事故の原因と責任について、被害者には知る権利があるはずです。ところが、米軍に都合の悪い情報は出さなくてもいい密約があったとは知りませんでした。被害者が裁判で真相に近づきたくても、最初から近づけないよう、大きな黒い網をかぶせて隠蔽する仕組みをつくっていたとは……」

椎葉寅生さんは、私が取材で密約の存在を知らせたときに、驚きと憤りの声をもらした。

墜落事故は一九七七年九月二七日午後一時二〇分頃に起きた。神奈川県にある米海軍厚木基地から相模湾沖の米空母ミッドウェーに飛行中の、米海兵隊RF‐4Bファントム戦術偵察機がエンジン火災を起こし、横浜市緑区（現青葉区）の住宅地に墜落した。

機体が爆発し、墜落現場は爆風によって火炎におおわれた。当時三九歳の椎葉さんが住んでいたアパートは全焼し、妻の悦子さん（当時三五歳）は全身に瀕死の火傷を負った。家財道具も焼けてしまった。別の家の三歳と一歳の男の子は、全身の火傷によって死亡し、その子らの母親も全身に瀕死の火傷を負って入院、苦しんだ末に事故から四年四ヵ月後に亡くなった。そのほかに重傷一人、軽傷四人、家屋全焼一棟、損壊三棟の被害が出た。大惨事であった。

墜落事故が起きたとき、椎葉さんは勤め先の会社に、長男と長女は通っていた中学校と小学校にいて、無事だった。悦子さんは一命をとりとめたが、左肩下から左手の甲にかけてケロイドが残り、痛みや筋肉が引きつるなど後遺症に悩まされた。

米軍機の乗員二人はパラシュートで無事に脱出し、事故直後に厚木基地から飛来した海上自衛隊ヘリコプターに救助されて、基地に運ばれた。

米軍はすぐに事故現場に立ち入り、墜落機の残骸・部品を回収した。現場検証はいちおう日米合同ではあったが、米軍側が主導した。日本の捜査当局は、墜落機の部品回収を米軍にまかせ、現場に日本人が立ち入らぬよう規制線を張ったにすぎなかった。日本の捜査当局は事故の米軍機の乗員から事情聴取もせず、レポートを提出させただけだった。

その後の、日米合同委員会事故分科委員会による調査でも、米軍がいったん墜落機のエンジンを密かにアメリカに持ち去るなど、米軍側が主導権を握った。事故の原因は整備不良とされたが、米軍関係者の誰も責任を問われなかった。米軍機の乗員二人はいつのまにか帰国してしまった。

「日本政府には、事故原因の究明と責任者の処罰を強く求める姿勢などありません。当時の防衛施設庁が米軍の肩代わりをして、被害者に補償交渉を勧めるばかりでした」と、椎葉さんはくやしそうに語った。

裁判に訴えた米軍機墜落事故の被害者たち

納得がいかない椎葉夫妻は一九七八年一月、米軍機の乗員二人と人数不明の整備士らを業務上過失致死傷罪などの疑いで横浜地検に告訴した。しかし、証拠が不十分とされ、さらに米軍人の公務中の事故の第一次裁判権は米軍側にあり、日本側にはないとの理由で、三年近く後に不起訴となった。米軍側は軍事機密を理由に、捜査に必要な墜落事故に関する情報を提供しなかった。

「証拠不十分とされましたが、証拠が集まらなかったんじゃなくて、日本側当局が捜査を十分におこなわず、証拠を集めなかったんですよ。もちろん、その背景にはアメリカに対してきちんとものが言えない日本政府の姿勢があります」

椎葉さんは米軍の身勝手な事故処理と日本政府の腰の引けた対応を批判する。

一九八〇年九月、椎葉夫妻と長男長女は米軍機の乗員二人と国(日本政府)を相手取り、合わせて一億三九〇〇万円の損害賠償を求める民事訴訟を起こした。

「裁判に訴えたのは、事故の原因と責任の所在を明らかにしたかったからです」

日米地位協定には、米軍の活動により何らかの被害(事故や騒音公害や環境汚染など)を受けた被害者が、日本の裁判所に米軍そのものを被告として損害賠償を求める民事訴訟を起こせる規定は明記されていない。そのため、原告側は米軍機の乗員二人を訴えたのである。

また国を相手取ったのは、米軍人が公務中に他人に損害を与えた場合と、米軍の基地や装備の管理に法的な欠陥があって他人に損害が生じた場合は、日本政府が米軍に代わって損害賠償をする責任があると、地位協定の実施に伴う民事特別法で定めているからだ。

一方、被告の米軍機の乗員二人と国側は、地位協定第一八条で、米軍人は公務中の事故の損害賠償を求める裁判の判決には服さなくてもいいと定めていることから、そもそも米軍機乗員を被告として訴えること自体が成り立たない、と主張した。だから、帰国した米軍機の乗員二人は一度も法廷に現れなかった。

裁判の過程で、原告側は事故原因の究明のため、「米軍において調査した報告書の一切」すなわち米軍による事故調査報告書と、「日米合同委員会事故分科委員会において作成された本件事故報告書」の公表を求め、横浜地裁に在日米海軍司令部（米海軍横須賀基地内）への「文書送付嘱託」をするよう申請した。しかし、米軍から「調査報告書」「事故報告書」などの提供はなかった。

請求権・民事裁判権に関する地位協定第一八条には、「日本国及び合衆国の当局は、この条の規定に基づく請求の公平な審理及び処理のための証拠の入手について協力するものとする」と定めてある。したがって本来は、米軍は「証拠の入手について協力」しなければならないのである。

しかし実態は、日米合同委員会の「民事裁判権密約」があるため、米軍は出したくない情報は出さなくてもよく、事実上、「証拠の入手について協力」しなくてもいい仕組みになっているのだ。地位協定第一八条の規定が日米合同委員会の密約によって骨抜きにされているのである。

密約と情報隠蔽を組み込んだ日米安保体制の構造

「妻に重傷を負わせ、私たちの生活を破壊した墜落事故はなぜ起きたのか、誰に責任があるのか、被害者には知る権利があるはずです。ところが、密約と情報隠蔽がそれを阻んでいるのです」

椎葉さんは怒りと無念さをこらえるような口調で語った。そして、裁判で原告側が日米合同委員会事故分科委員会の事故調査報告書の公表を求めても、国側は「米国との合意がないから」を理由に公表せず、その要旨だけを証拠として提出したことにもふれた。

「それは日付も作成者の名前もない文書でした」

文書名は「横浜市内米軍航空機事故に関する報告について」である。それは、米軍機のエンジンのアフターバーナー排気ダクトの部品の取り付け不具合（不良）が、事故の原因だと指摘していた。

しかし、「地上整備員及び乗員は、軍規則により必要とされている飛行前の点検を行った。不具合は発見されなかった」とし、「不具合が起こりそうな徴候はなかったし、また、現地部隊の通常の整備点検又は手続では、この不具合を予知し、又は防止することは期待できなかった」と結論づけていた。そして、米軍関係者の責任の所在にはまったく言及していなかった。

「正式な報告書にはより詳細な事実が載っているはずです。それは秘密にして、さも米軍に落ち度も責任もなかったようにまとめています。被害者には事故の全容、真相を知る権利があるのに、それを知ることができないようにされているのです」

そう言って椎葉さんは、具体的な問題点をあげた。

事故の原因であるエンジンのアフターバーナー排気ダクトの部品とは、「ライナーサポート」といい、排気ダクトライナーを装着するものだ。前出の文書には、「排気ダクトの第三ライナーの不具合をもたらしたこのサポートの装着不良は、合衆国における中間レベルの整備中に生じたものである」と書かれている。

「しかし、この肝心な『中間レベルの整備』が何を意味し、いつ、どこで、誰が、どのように実施したものなのか、責任者は誰なのか、まったくわからないわけです。正式な報告書には載っているはずの情報が隠されているのです」

この点について国側は後に、「合衆国軍隊の飛行部隊における整備と、補給処における整備との中間段階にあたる整備だ」と、あいまいな説明をしただけで、裁判でも結局、事実は判明しなかった。

このように重大な情報が明らかにされないのは、米軍の事故調査報告書を米軍が裁判所に提供しないからであり、日米合同委員会が議事録や合意文書など関連文書の全文を公表しないからである。まさに日米両政府の秘密主義による情報隠蔽と密約が、米軍による事故や米兵犯罪の真相究明と責任追及を阻んでいるのだ。

「正式な文書は秘密にしておいて、米軍と米軍優位を認める日本政府に都合のいいように要旨をまとめるのが、政府機関の常套手段なんです。本当にやましいところがないのなら、隠したり、密約にしたりせず、すべて公表すればいいじゃないですか」と、椎葉さんは語気を強めた。

一九八七年三月四日、横浜地裁は公務執行中の米軍人にも日本の民事裁判権は及ぶとしたが、公務執行中の事故の賠償責任は認めず、国の賠償責任だけを認める判決を下した。損害賠償額は四五八〇万円だった。

米軍人の賠償責任は認めなかったものの、公務執行中の米軍人にも民事裁判権は及ぶという判決は初めてのことで、「日米安保の壁に風穴を開けた」判決と報じられた。

しかし、大惨事を引き起こした当事者の米軍人らはついに出廷せず、米軍関係者の誰も責任を負わなかった。その背後には、日米合同委員会の密約と情報隠蔽を組み込んだ、日米安保体制の不透明な構造がある。

米国の解禁秘密文書にも密約の記載が

『最高裁部外秘資料』には、「実施上問題となる事項」の英文も載っている。日米合同委員会の裁判権分科委員会と同民事部会の日米双方の委員長名と合意の日付も記されている。

そして、「実施上問題となる事項」の英文と同じ内容の英文が、アメリカ政府により秘密指定解除された公文書にも記載されている。それは、日米密約問題に詳しい国際問題研究者の新原昭治氏が、アメリカ国立公文書館で入手したものだ。

「ARRANGEMENTS IMPLEMENTING ADMINISTRATIVE AGREEMENT UNDER ARTICLE Ⅲ OF THE SECURITY TREATY BETWEEN THE UNITED STATES OF AMERICA AND JAPAN」（「日

文書画像9「行政協定実施のための取り決め集」の表紙（新原昭治氏提供）

米安保条約第三条にもとづく行政協定実施のための取り決め集」）という。一九五五年作成のものだ。以下、「行政協定実施のための取り決め集」と呼ぶことにする。（文書画像9）

表紙には「Secretariat Joint Committee」（合同委員会事務局）と書かれており、日米合同委員会事務局が作成した日米合同委員会の合意文書集（取り決め集）だということがわかる。

「行政協定実施のための取り決め集」には、さまざまな分野（裁判権、民間航空、通信、契約調停、出入国、施設、財務、気象、調達など）ごとに、日米合同委員会の各分科委員会で承認された合意の全文が収録されている。

その裁判権分科委員会のところに、民事裁判権と刑事裁判権に関する合意事項がそれぞれ載っている。民事裁判権に関しては「一九五二年七月三〇日の第一三回日米合同委員会で承認された、裁判権分科委員会勧告」として、『最高裁部外秘資料』の「実施上問題となる事項」の英文と同じ英文が記されている。日米双方の担当責任者の氏名と肩書も同じように英語で明記されている。

このようにアメリカ政府解禁秘密文書によっても、「民事裁判権密約」の存在は明白な事実だとわかる。

密約文書を隠蔽する外務省と法務省

前述したように、私は情報公開法にもとづき外務省や法務省に、「実施上問題となる事項」の文書開示請求をしてみたが、「文書を保有していない」という理由で不開示となった。

しかし、日本政府は長年、日米安保条約や地位協定に関する密約の存在を否定し、隠しつづけてきた。「核持ち込み密約」などのように、アメリカ政府解禁秘密文書で密約の存在が明らかになっても、「ない」と言い張っていた。だから、外務省と法務省が「文書を保有していない」と主張しても、文字どおりには受け取れない。

そこで開示請求の角度を変えて、「日米地位協定の民事裁判管轄権に関する日米両政府、日米合同委員会における合意について記した文書のすべて」と、対象文書の範囲をひろげて請求してみた。

だが、法務省はまたもや「対象となる文書を保有していない」という不開示決定を知らせてきた。法務省に地位協定の民事裁判権関連の文書がまったくないはずがない。法務省民事局参事官室に問い合わせると、次のような答えが返ってきた。

「事務室内の書棚や文書倉庫など探したが、発見されなかった。日米合同委員会裁判権分科委員会民事部会と後の民事裁判管轄権分科委員会に、法務省が関与した記録もない」

さらに、「民事裁判管轄権分科委員会の代表は法務省大臣官房審議官だが、これをもって法務省がこの分科委員会に関与していたとはいえない」と、おかしな主張をする。

だが、法務省大臣官房審議官が代表であること自体が、同分科委員会に法務省が関与していることにほかならない。矛盾にみちた主張である。法務省に地位協定の民事裁判権関連の文書がまったく存在しないとは、とうてい信じがたい。

「合意に係る日米合同委員会議事録」と密約

外務省からは、「民事裁判管轄権に関する日米合同委員会関連文書」という名称で、A4判で九枚の文書が開示された。外務省ホームページにある「民事裁判管轄権に関する事項」も含まれていた。ほかは、米軍による事故の補償申請手続書類の書式改定などについての合意事項で、ごく短いものだ。すべて正式な合意文書の全文ではなく、要旨である。密約に関わる「実施上問題となる事項」は含まれていなかった。

一方、不開示とされた行政文書の名称は「合意に係る日米合同委員会議事録」という。不開示の理由として、「公にすることにより、米国との信頼関係を損なうおそれがあるため」と書かれていた。

この結果から推測すると、外務省が不開示とした「合意に係る日米合同委員会議事録」には、開示した要旨にすぎない「民事裁判管轄権に関する事項」など以外の、民事裁判管轄権(民事裁判権)に関連する日米合同委員会の何らかの合意事項で、しかも公表できない詳しい内容が記載されているということだ。

やはり「合意に係る日米合同委員会議事録」には、『最高裁部外秘資料』に載っている「実施上問題となる事項」と同じ内容の記述が含まれていると考えられる。それはまさに公表できない密約にあたる内容にちがいない。

私は外務省北米局の日米地位協定室に問い合わせてみた。

「『民事裁判管轄権に関する事項』は『合意に係る日米合同委員会議事録』のなかの民事裁判管轄権に関する合意事項全文の要旨ですね。つまり、開示された『民事裁判管轄権に関する事項』よりも詳しい内容が『合意に係る日米合同委員会議事録』には書かれてあるんですね」と確認すると、電話に出た職員は言いしぶりながらも、最後は、

「まあ常識的に考えれば、そういうことだと思います」と認めた。

やはり「合意に係る日米合同委員会議事録」に、合意事項の全文で詳しい内容の「実施上問題となる事項」も含まれているのは、まずまちがいないだろう。

このような法務省と外務省の対応からは、両省が「民事裁判権密約」の情報を隠蔽しようとしていることがうかがえる。

しかし、アメリカ政府はすでに国立公文書館において、「実施上問題となる事項」と同じ内容の記述を含む「行政協定実施のための取り決め集」を秘密指定解除して公開している。だから、同じ内容の文書を日本で公開しても、「米国との信頼関係をそこなうおそれ」はないはずである。それなのに、日本政府はなぜ隠しつづけるのだろうか。

外務省の不開示決定をくつがえす画期的な答申

私は、米軍に有利な日米合同委員会の密約に関し、あくまでも情報公開を求めつづけるべきだと考え、二〇一〇年一月一五日、情報公開法にもとづき外務省に「合意に係る日米合同委員会議事録」の不開示決定の取り消しを求めて不服申し立て（異議申し立て）をした。

二〇一〇年六月九日、外務省は情報公開法の手続きにしたがって、この件を情報公開審査会（以下、審査会）に諮問した。その際、外務省はあらためて不開示の理由を、「日米双方の合意がない限り公表しないとされている。開示されると日米間の信頼関係を損ない、米側と忌憚《きたん》のない協議を行えなくなるおそれがあるから」と説明した。

審査会は外務省に「合意に係る日米合同委員会議事録」を提出させたうえで、二年がかりで調査審議し、二〇一二年六月一八日、外務大臣に対して「日米安保条約に基づく日米地位協定の民事裁判権に関する合意について記した文書等の一部開示決定に関する件」という答申書を交付した。

その写しは情報公開審査会から私のもとにも届いた。それは、外務省が不開示にしていた文書を一部開示すべきだという画期的な答申だった。外務省や法務省がひた隠しにする日米合同委員会の「民事裁判権密約」の存在を明るみに出すことにつながるからだ。

答申書によると、「合意に係る日米合同委員会議事録」は全九二ページで、そのうち七七ページが日本語の文書一〇点、残りの一五ページが英語の文書六点である。それぞれ「合意、補足合意」といった表題がつけられ、その開催時期からして、いずれも一九六〇年の日米地位協定への改称以前の、日米行政協定下での日米合同委員会の合意文書である。

そして、日本語の合意文書の一部には、「質問に対する一致した見解というかたちで合意した内容が記載されていることが認められる」とある。これはまさに密約に関わる「実施上問題となる事項」の記述スタイルと一致するものだ。

英語の文書には、「日米双方の合意がない限り公表されない」との記載はあったが、日本語の文書にはそのような記載はなかったとある。

外務省の「日米合同委員会の議事録は、日米双方の合意がない限り公表されないことが、日米間で合意されている」という主張に対して、審査会の答申は次のように指摘している。

審査会は外務省から、この公表問題に関する日米合同委員会の議事録の提示を受け、確認したところ、一九六〇年に日米地位協定が発効してから最初の、第一回日米合同委員会（行政協定から地位協定への移行にともない、あらためて第一回から数え直した）議事録には、「日米双方の合意がない限り公表されない」との合意が記されていた。一方、行政協定時代の日米合同委員会議事録に、同様の合意が記されていることを示す資料の提示はなかった。

そのうえで審査会は、日本語の各文書について、「日米行政協定第18条に関して両国間で合意された内容が記述されているにすぎず、それ自体が日米合同委員会の議事録の一部であると認めるには足りない」としたうえで、「議事録の一部であったとしても、米側との間で合意がない限り公表しないこととされていることも確認できない」と指摘した。

そして、これまで秘密の闇におおわれてきた日米合同委員会の合意事項全文の、文書開示を求める画期的な判断を次のように下した。

これら各文書を公にしたとしても、我が国と米国との信頼関係を損ない、今後、米側との間で忌たんのない協議を行えなくなるおそれがあるとは言えないから、〔情報公開〕法第五条三号〔国の安全・外交に関する情報〕に該当するとは認められず、開示すべきである。

情報公開を進めることの重要性

さらに、文書開示を拒んでいる外務省の対応について、答申はこう批判した。

行政機関の保有する情報の一層の公開を図り、もって政府の有するその諸活動を国民に説明する責務が全うされるようにする〔情報公開〕法の目的に照らし、不十分であると言わざるを得ない。

つまり、文書を開示しても、外務省が主張するようなアメリカとの信頼関係を損なうおそれはなく、それよりも行政機関として、主権者である国民・市民への説明責任を果たすために、情報公開を一層進めることが重要なのだから、文書を開示すべきだというのである。

米軍関係の事故・事件の被害者らが望む真相と責任の究明が、民事裁判で公正になされるためにも、密約文書を公開したうえで、米軍優位の密約は廃棄すべきだ。密約があるために真相究明と責任追及に必要な米軍の情報が提供されないのでは、裁判所が憲法の保障する「公平な裁判所」として成り立たなくなってしまう。

さらに、日米合同委員会の協議内容や合意事項の全容を秘密にしたままでいいのか、米軍優位の不平等な地位協定のままでいいのか、日米関係はどうあるべきか、政府は情報公開を進めて透明性を高めるべきではないのかなど、国民・市民が一人ひとり考え、そして意見を交わすための素材としても、文書は開示されるべきだ。

英文の密約文書は作成から三〇年以上経過し、すでに秘密指定を解除されてアメリカ国立公文書館で公開されている。だから日本で開示しても、日米間の信頼関係を損なうおそれはないはずである。

文書開示を求める答申に従わない外務省

しかし、外務省は答申を無視するかのように、開示決定の手続きをとらなかった。私が文書を早く開示するようにたびたび求めても、外務省北米局日米地位協定室は、「アメリカ側と協議中なので、開示するかどうかまだ決定できない」との言い訳を繰り返してばかりだった。どうしても日米合同委員会の秘密の合意事項の公開を避けたかったのだろう。米軍優位の密約が広く知られ、批判を浴びるのを避けたいからにちがいない。

残念ながら、情報公開審査会の答申には強制力がない。しかし、情報公開制度の実施状況を把握する総務省の担当者は、私の問い合わせに対し、「情報公開法にもとづく審査会制度の意義からして、答申は当然尊重すべきだ。これまで行政機関が答申に従わなかった例はきわめてまれである」と指摘した。

外務省の対応は、情報公開を進めて説明責任を果たし、行政の透明性を高めるという時代の趨勢に逆行している。密約が明らかになるのを恐れて、情報隠蔽をしているとしか言いようがない。

二〇〇九年の政権交代当時、民主党政権は「対等な日米関係」と「地位協定の改定の提起」を唱えていたが、結局、実現できなかった。また、「情報公開の推進」も掲げていた。情報公開法に「知る権利」を明記し、総理大臣が行政機関の長に対して情報公開審査会の答申に沿った文書開示を勧告できるようにすることなどを盛り込んだ、同法改正案も閣議決定したが、法案は国会でたなざらしのまま廃案となった。

そして、地位協定の改定にも、情報公開の推進にも後ろ向きな自民党政権が返り咲いた。官僚機構の秘密主義の体質はそのまま続いている。それどころか、安倍政権による特定秘密保護法の制定強行によって、その秘密主義は強まった。外務省が審査会の答申に従わず、文書開示をしなかった背景には、このような政治情勢もあったのではないか。

日本の情報公開の主権を制約する米軍

そして、外務省が文書の開示をかたくなに拒みつづけているうちに、二〇一六年一二月二一日、前出の「『合意に係る日米合同委員会議事録』の不開示決定に関する件」という、情報公開審査会の新たな答申が出たのである。

それは、前述の文書の一部開示決定を答申した委員たちとは別の委員たちによるもので、一転、外務省の「合意に係る日米合同委員会議事録」全面不開示の決定は妥当だとした。前回の答申をくつがえす内容である。

その審議の過程で、前出の在日米軍の日米合同委員会事務局長のメールが、外務省から説明資料として提示されたのだった。二〇一六年三月二五日付、在日米軍の日米合同委員会事務局長から外務省北米局の日米地位協定室担当者あてのメールである。

情報公開審査会が一度は開示すべきだと判断した「合意に係る日米合同委員会議事録」について、米軍はあくまでも開示に不同意であり、情報公開審査会に対し日本政府から、「開示の撤回を求め、必要な説明を行う」よう要請するという内容だ。日本の情報公開制度への内政干渉といえ、国民・市民の「知る権利」を侵害している。

さらに、このメールで在日米軍の日米合同委員会事務局長は次のように、議事録や合意文書の開示の権限は、「ただ唯一合同委員会のみに属している」とまで主張し、強硬な姿勢を示している。

米国政府の他の機関により開示されている件については、合同委員会の議事録及び関連文書を開示する権限は、ただ唯一合同委員会のみに属している。もし米国政府の他の機関が誤ってこれらを開示したとしても、事前に合同委員会の承認が得られていなければ、当該開示は誤ったものである。

「米国政府の他の機関により開示されている件」とは、前出の「民事裁判権密約」を含む「行政協定実施のための取り決め集」などが、アメリカ国立公文書館においてすでに秘密指定解除されて公開されていることを指す。そして、そのアメリカ国立公文書館での文書開示は誤りだと非難しているのである。

つまり、日米合同委員会の文書開示の権限は、同委員会が独占しているというのだ。これでは、日米合同委員会が日米両国の情報公開制度に対して重い縛りをかけていることになる。米軍側の同意なしには開示されないのだから、日本の情報公開の主権と「知る権利」が米軍という外国軍隊によって制約・侵害されていることを意味する。

米軍側の望みどおりの開示撤回がなされた

答申書によると、外務省はこのような在日米軍側のメールを情報公開審査会に提示したうえで、「合意に係る日米合同委員会議事録」を不開示とすべき理由を説明した。要約すると、次のようになる。

〈日米合同委員会における不公表を前提とした忌たんのない協議によって、米軍基地をめぐる諸問題に日米両政府は迅速・効果的に対応できている。それは米軍の安定的駐留と円滑な活動を確保するうえで、きわめて重要である。

基地問題には、日米両国の利害と、基地のある地域や日本国内の諸勢力の利害なども複雑にからみあっている。そのため、日米合同委員会での公表を前提とした協議では、複雑な利害関係の調整を図ることがきわめて困難だ。

だから、協議内容と文書は日米双方の合意がない限り公表しないと合意している。「合意に係る日米合同委員会議事録」が開示されると、日米間の信頼関係を損ない、忌たんのない協議ができなくなるおそれがある。その結果、基地問題への日米両政府の対処能力を低下させ、米軍の安定的駐留と円滑な活動を阻害するおそれがある〉

そして外務省は、前出の在日米軍からのメールを示して、米軍側が上記の外務省と同様の共通認識を持って、「合意に係る日米合同委員会議事録」の開示に同意せず、情報公開審査会に必要な説明をおこなうよう、日本政府に対し要請したこと、日米合同委員会の文書は「日本の防衛のためにきわめて重要な役割を果たすもの」だと主張していることを説明したのである。

情報公開審査会の答申では、こうした外務省の説明を認め、米軍側の主張と開示不同意の表明も踏まえたうえで、文書を開示したらアメリカとの信頼関係が損なわれるおそれがあるので、外務省の不開示決定は妥当だったと判断している。それが「合意に係る日米合同委員会議事録の不開示決定に関する件」という答申の結論であった。
結果的に、米軍側の望みどおりに「開示の撤回」が実現したのである。

密約の文書開示とともに廃棄を

だが、いったい「民事裁判権密約」文書のどこが、「日本の防衛のためにきわめて重要な役割を果たす」というのだろうか。米軍機墜落事故などの被害者が、裁判で原因と責任を究明したいと、事故調査報告書など必要な情報を求めても、米軍は密約によって「合衆国の利益を害する場合」などさまざまな条件をつけ、出したくない情報は出さなくてもよい。結果的に事故などの真相と責任の究明が阻まれる。どう見ても日本の防衛と関係があるとは思えない。

ただ見方を変えれば、事故などの原因と責任が究明されないほうが、米軍とその駐留を認める日本政府にとっては都合がいいのかもしれない。裁判で米軍側の責任が明らかになり、基地反対の声が高まったりすると、「米軍の安定的駐留と円滑な活動を阻害するおそれがある」ので、密約が必要だともいえる。

そして、このような密約を結んでいる日米合同委員会の議事録や合意文書が開示されて批判を浴びると、「基地問題への両政府の対処能力を低下させるおそれがある」ので、不開示としたいのであろう。

しかし、事は国民・市民の生命と安全と人権に関わる問題である。日本の防衛に関係する軍事機密などではない。秘密にするほうがおかしい。米軍の「開示の撤回」要請といった日本の情報公開制度への内政干渉がまかり通っていいはずはない。密約文書を全面開示したうえで、米軍に有利な特権を認めた密約そのものを廃棄すべきである。

日本の情報公開制度と「知る権利」への、米軍・アメリカ政府による内政干渉、侵害ともいえるこの重大事件は、前出の在日米軍からのメールに「日米間での議論に基づき」とあるように、外務省側と米軍側の緊密な連携によるものではないだろうか。

二〇一二年六月一八日の「合意に係る日米合同委員会議事録」を一部開示すべきとの答申にいたる過程では、今回のような在日米軍からの文書の開示撤回を求めるメールが外務省に届くことはなかった。

今回、在日米軍からこのようなメールが出された背景には、「民事裁判権密約」が記された文書をどうしても明らかにしたくない外務省と在日米軍の意思一致があったとしか考えられない。

在日米軍からのメールの問題について、外務省北米局の日米地位協定室に見解を聞いたが、何度も問い合わせた末に、「事実関係を調査中で、まだ回答できない」とだけ告げられた。

情報公開審査会事務局からは、「審査会は外務省と在日米軍との間のメール等についてコメントする立場にない。あくまでも外務省の不開示が妥当かどうかを判断しただけである」というごく短い回答しかなかった。

日米合同委員会の秘密を固守したい米軍と外務省

なお、この米軍側の望みどおりの答申書は、答申が出た二〇一六年一二月二一日から間もなく、外務省から私のもとに郵送されてきた。同年一二月二七日付の外務大臣名義の「決定書」に同封されていたのである。

「決定書」には、外務省による「合意に係る日米合同委員会議事録」の不開示決定は妥当なものなので、私がおこなった不服申し立て（異議申し立て）を棄却すること、その際、二〇一六年一二月二一日付の情報公開審査会の答申「合意に係る日米合同委員会議事録の不開示決定に関する件」に留意したことが書かれていた。

つまり外務省は、私が異議申し立てをした結果、情報公開審査会が二〇一二年六月一八日付で、「合意に係る日米合同委員会議事録」の一部を開示すべきとした答申に、ついに従わなかったのである。

外務省としては、最終的に不開示決定が妥当と判断したのは、前出の新たな答申「合意に係る日米合同委員会議事録の不開示決定に関する件」に留意したからで、その答申が外務省の当初の不開示決定は妥当だったと結論づけた以上、何ら問題はないという立場なのだろう。

しかし、この米軍と外務省の望みどおりの新たな答申にいたる情報公開法の手続きとして不服申し立てをしたのは、もちろん私ではない。私は自分が不服申し立てをした結果、「合意に係る日米合同委員会議事録」の一部開示決定という画期的な答申を得られた。だから、再度不服申し立てをする必要はなく、外務省に答申に従って文書を開示するよう何度も求めていたのである。

別の誰かによる不服申し立てを受けて出された新たな答申に留意したからという、外務省の不開示決定の判断には納得できない。まったく別の不服申し立てにもとづく答申を関連づけるやり方はおかしい。しかもこの新たな答申の背後には、米軍・アメリカ政府による日本の情報公開制度と「知る権利」への不当な内政干渉、侵害があったのである。

「情報公開法にもとづく審査会制度の意義からして、答申は当然尊重すべきだ。これまで行政機関が答申に従わなかった例はきわめてまれである」と、前出の総務省の担当者が私の問い合わせに答えていたように、外務省は本来なら情報公開制度の趣旨からして、答申を尊重し、その決定に従うべきであるのは言うまでもない。

ところが、外務省は答申に法的な強制力がないのをいいことに、自分たちに都合の悪い答申は無視して、不開示決定に固執し抜いたのである。情報公開制度の趣旨から逸脱する行為としか言いようがない。

新たな不服申し立てをめぐる疑問

それにしても、いったい誰がこの新たな答申にいたる不服申し立てをしたのだろうか。不服申し立て人の氏名は非公開なのでわからないままである。この新たな答申書によると、不服申し立て人は二〇一三年二月と一六年四月に、情報公開法にもとづき外務省に対し「合意に係る日米合同委員会議事録」の開示請求をして、いずれも不開示となった結果、不服申し立てをおこない、それを受けた外務省が情報公開審査会に諮問している。

新たな答申書には、不服申し立ての理由として、情報公開審査会の二〇一二年六月一八日の答申「日米安保条約に基づく日米地位協定の民事裁判権に関する合意について記した文書等の一部開示決定」、すなわち私の不服申し立てを受けて出された「合意に係る日米合同委員会議事録」の一部を開示すべきとした答申に従い、外務省は同議事録を開示するべきだからであるとの旨が書かれている。

情報公開審査会の答申書はすべて総務省（以前は内閣府）のホームページ上で公開されている。したがって、日米合同委員会と情報公開の問題について関心のある誰かが、「合意に係る日米合同委員会議事録」の一部を開示すべきとした答申書を読んで、自分も同議事録の開示請求をしてみようと考え、請求した結果、不開示となったので不服申し立てをしたのかもしれない。

だが、それにしては奇妙な点がある。文書不開示の決定に対して不服申し立てをする場合、提出する申し立て書で、その決定がいかに不当であるかを具体的に説明したうえで、本来開示すべきものであることの理由を詳しく主張するのが普通である。私もそのようにした。そうした不服申し立て人による説明・理由は答申書にも、「不服申立人の主張の要旨」として記載される。

ところが、この新たな答申にいたった不服申し立ての理由として、「不服申立人の主張の要旨」に出てくるのは、「既に開示すべしとの答申が出されているのであるから、答申に従い開示すべきである」、「不開示とされた文書についても、情報公開・個人情報保護審査会の答申に従い開示すべきである」という、極端に短い形式的なものでしかない。

不開示決定がいかに不当であるかを具体的に説明するわけでもなく、本来開示すべきものである理由を詳しく主張してもいない。文書開示を求める不服申し立ての熱意がまったく伝わってこないのである。

しかも、審査の過程で不服申し立て人から情報公開審査会に提出できる意見書も、答申書の「調査審議の経過」によると提出された形跡がない。意見書は文書開示すべき理由を重ねて主張できる重要な機会なのだが、それも活かしていない。これでは不服申し立ての意図について、首をかしげざるをえない。

いずれにせよ、誰かによるこの新たな不服申し立てが、「合意に係る日米合同委員会議事録」の一部を開示すべきという二〇一二年六月一八日の画期的な答申をくつがえす、新たな答申につながったわけである。それは日米合同委員会の議事録と合意文書の秘密を固守したい米軍と外務省の望みどおりの結末を導き出したともいえる。

前述のように、この新たな不服申し立てをめぐって奇妙な点もみられることから、米軍と外務省の望みどおりの新たな答申を引き出すために、外務省の意を受けた第三者があえて文書開示請求と不服申し立てをしたのではないかとの疑問も湧いてくる。だが、そうであるのか、そうでないのか、現時点で真相はわからない。

第三章

日米合同委員会の秘密体制に挑む情報公開訴訟

情報公開と説明責任に背を向ける政府

二〇一二年一二月～二〇二〇年九月の第二次安倍長期政権のもとでは、特定秘密保護法の制定の強行、「森友・加計・桜を見る会」文書の隠蔽や改竄、「自衛隊日報」隠蔽など、民主主義にとってきわめて重要な政府の情報公開と説明責任がないがしろにされ続けた。

二〇二〇年九月に安倍政権の継承をうたってスタートした菅政権も、日本学術会議の委員任命拒否をめぐる問題で関連文書を開示しないなど、情報隠蔽の姿勢をあらわにした。

政府機関が保有する公文書は、政府・官僚機構の所有物ではない。主権者である国民・市民の共有財産である。しかし、その意識が政府内に周知徹底しているとはとうていみえない。

公文書管理法の第一条には、公文書とは何か、その定義がこう書かれている。

> 健全な民主主義の根幹を支える国民共有の知的資源として、主権者である国民が主体的に利用し得るもの。

そして同法の目的として、「国民主権の理念」にのっとり、公文書の「適正な管理、保存、利用」によって、政府がその活動について「現在及び将来の国民に説明する責務が全うされるようにすること」をかかげている。

公文書管理法と一対の情報公開法の第一条も、情報公開の意義を次のように説いている。情報公開により政府の活動を「国民に説明する責務」が全うされ、「国民の的確な理解と批判の下にある公正で民主的な行政」が推進される。そのためにこそ情報公開法はある。

つまり政府機関の情報が十分に公開され、公文書を国民・市民が主体的に利用して行政をチェックできなければ、政府の「現在及び将来の国民に説明する責務」は全うされず、「公正で民主的な行政」にはなりえないのである。

政府の秘密主義と日米合同委員会

しかし、情報公開と説明責任に後ろ向きなのは、歴代の自民党政権の悪弊でもある。たとえば「核密約」など日米密約に関しても、時の政権と官僚機構は存在する文書をないと偽り、隠しつづけてきた。政府の秘密主義の体質には根深いものがある。

そのような秘密主義の深奥に位置し、情報隠蔽の象徴ともいえる組織がある。日米合同委員会である。それは日本の高級官僚と在日米軍の高級軍人による密室協議を通じて、米軍に有利な秘密合意＝密約を結んできた。議事録や合意文書は原則非公開とされ続けている。

そのため、日米合同委員会の正体に迫るには、法務省、警察庁、外務省、最高裁判所などの秘密資料・部外秘資料、在日米軍の内部文書、アメリカ政府の秘密指定解除された解禁秘密文書などを調べなければならない。

たとえば、米軍人・軍属・それらの家族の犯罪に関する検察官用の、『秘　合衆国軍隊構成員等に対する刑事裁判権関係実務資料』（法務省刑事局）（文書画像10）、同じく警察官用の『部外秘　地位協定と刑事特別法』（警察庁刑事局）、同じく裁判官用の『部外秘　日米行政協定に伴う

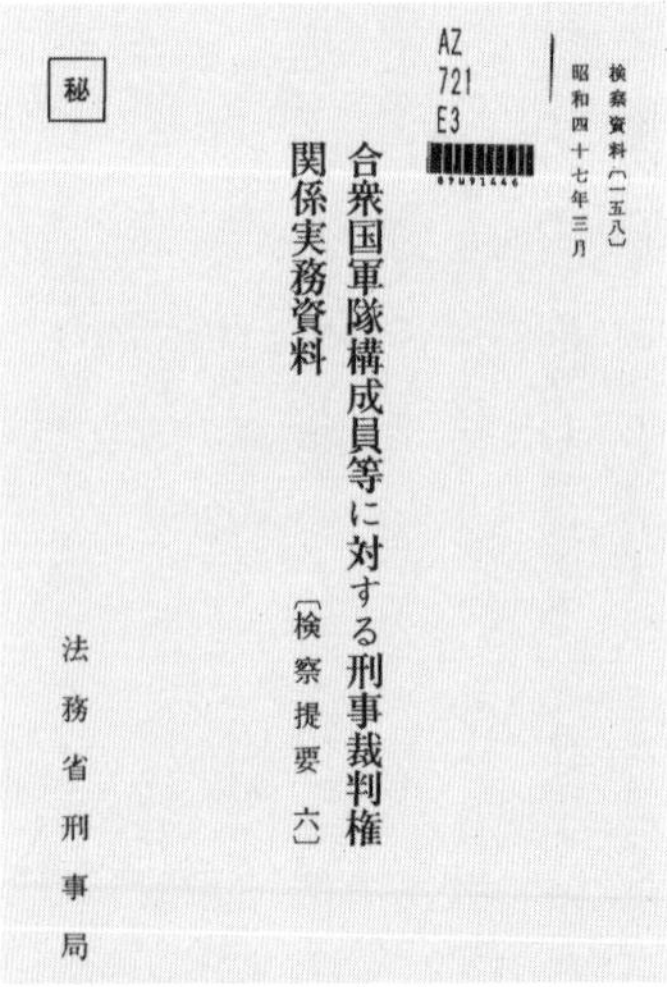
検察資料（一五八）
昭和四十七年三月
AZ
721
E3
合衆国軍隊構成員等に対する刑事裁判権
関係実務資料
〔検察提要　六〕
法務省刑事局
秘

文書画像10『秘　合衆国軍隊構成員等に対する刑事裁判権関係実務資料』（新原昭治氏提供）

民事及び刑事特別法関係資料』（最高裁事務総局）、外務官僚用の地位協定の解釈と運用の解説書『無期限秘　日米地位協定の考え方・増補版』（外務省）、在日米軍司令部による日米合同委員会の解説文、アメリカ国立公文書館で秘密指定解除された日米合同委員会の議事録などである。

調査を重ね、日米合同委員会は米軍の特権を認める秘密合意を生みだす「密約機関」であることが明らかになった。秘密合意＝密約は、日本の主権を侵害し、「憲法体系」（憲法を頂点とする国内法令の体系）を無視して、米軍に有利な特権を認めるものだ。その数と全貌はわからないが、大規模なものになっているはずだ。わかっているだけでも以下のとおりである。

米軍の特権を認める数々の密約

①「民事裁判権密約」（一九五二年）、米軍機墜落事故などの被害者が損害賠償を求める裁判に、米軍側はアメリカ合衆国の利益を害する情報などは提供しなくてもよく、そうした情報が公になりそうな場合は米軍人・軍属を証人として出頭させなくてもよい。

②「日本人武装警備員密約」（一九五二年）、基地の日本人警備員に銃刀法上は認められない銃の携帯をさせてもよい。

③「裁判権放棄密約」（一九五三年）、米軍関係者（米軍人・軍属・それらの家族）の犯罪事件で、日本側は日本にとっていちじるしく重要な事件以外は第一次裁判権を行使しない。

④「身柄引き渡し密約」（一九五三年）、米軍人・軍属の犯罪事件で被疑者の米軍人・軍属の身柄を公務中かどうか明らかでなくても米軍側に引き渡す。

⑤「公務証明書密約」（一九五三年）、米軍人・軍属の犯罪事件で米軍が発行する公務証明書を、起訴前の段階でも有効と見なし公務中として、日本側が不起訴にする。

⑥「秘密基地密約」（一九五三年）、軍事的性質によっては基地の存在を公表しなくてもよい。

⑦「米軍機アルトラブ密約」（一九五九年）、民間機を締め出す空域制限をして、米軍用の軍事空域「アルトラブ」を提供する。

⑧「富士演習場優先使用権密約」（一九六八年）、自衛隊管理下で米軍と自衛隊の共同使用になった富士演習場を、米軍が年間最大二七〇日優先使用できる。

⑨「航空管制委任密約」（一九七五年）、「横田空域」や「岩国空域」の航空管制を法的根拠もなく米軍に事実上委任する。

⑩「航空管制・米軍機優先密約」（一九七五年）、米軍機の飛行に日本側が航空管制上の優先的取り扱いを与える。

⑪「米軍機情報隠蔽密約」（一九七五年）、米軍機の飛行計画など飛行活動に関する情報は、日

米両政府の合意なしには公表しない。

⑫「嘉手納ラプコン移管密約」(二〇一〇年)、「嘉手納進入管制空域」の日本側への移管後も、嘉手納基地などに着陸する米軍機をアメリカ側が優先的に航空管制する。

これらの密約は、前述した秘密資料、部外秘資料、内部文書、解禁秘密文書などに記載されたり、その文中で言及されたりしている。公文書から確かにその存在がわかるという証拠があるのだ。なお、「　　」中の密約名は、その秘密合意の本質を端的に表すために私がつけたものである。それぞれの密約が記された合意文書には、ごく事務的な名称がつけられている。たとえば⑨「航空管制委任密約」と⑩「航空管制・米軍機優先密約」の場合は、「航空交通管制に関する合意」というようにである。

日米合同委員会の秘密体制に挑む情報公開訴訟

日米合同委員会の合意の要旨は一部、外務省ホームページなどで公開されている。第一章でふれた「航空交通管制(改正)」(一九七五年五月)などである。しかし、合意文書の全文は原則非公開とされている。

情報公開法にもとづく文書開示請求に対しても、常に不開示とされる。その理由は「日米双方の合意がない限り公表されない」と日米合同委員会で合意したからであり、「公表すると日米間の信頼関係が損なわれるおそれがあるから」だという。不開示決定の通知文書にも、その旨が書かれている。

しかし、日米合同委員会の議事録や合意文書は原則非公開という規定は、日米地位協定にはない。ただ一方的に日米合同委員会の密室で取り決めただけなのである。しかも、そう取り決めた合意そのものを記した文書の開示さえも、政府は拒んできた。これでは本当にそうした合意が存在するのかどうかも確認できない。まったくのブラックボックスと化している。

このような日米合同委員会の秘密体制に挑み、風穴を開けようとしたのが、「知る権利」と情報公開の推進に取り組むＮＰＯ法人「情報公開クリアリングハウス」(以下、クリアリングハウス）の「日米合同委員会情報公開訴訟」である。

発端は、クリアリングハウスが二〇一五年四月三〇日、情報公開法にもとづき外務省に、日米合同委員会の議事録が日米双方の合意がない限り公表されないと、両政府間で明確に合意したことがわかる文書の開示請求をしたことだ。具体的には次の二つである。
①一九五二年八月の日米行政協定下の日米合同委員会で、すべての協議内容は日米双方の合意がない限り公表されないと、合意した事実がわかるもの。
②一九六〇年六月の日米地位協定下（日米行政協定から改称後）の第一回日米合同委員会の議事録で、日米合同委員会の議事録は日米間の合意がない限り公表されないと、合意した事実がわかるもの。

二カ月後の二〇一五年六月三〇日、外務省からは不開示決定の通知書が届いた。

①については「文書が不存在」のためとされていた。

②の不開示の理由はやはり、「日米双方の合意がない限り公表されないことを前提におこなわれた協議の記録であり、公にすると日米間の信頼関係を損ない、今後、アメリカ側との忌たんのない協議や意見交換を阻害するおそれがある」からだった。したがって、情報公開法第五条三号により不開示とできる「外交・防衛に関する情報」に該当するとされていた。

そこで、クリアリングハウスは二〇一五年一二月二日、国（日本政府）に対し不開示決定の取り消しを求めて東京地方裁判所に提訴した。クリアリングハウス理事長の三木由希子氏は提訴の理由を次のように説明する。

「日米双方の合意がない限り公表されないという日米合同委員会の合意自体は、単なる会議のルールで、安全保障や外交政策とは無関係です。こんな情報まで固定的に非公開とするのは、非公開の範囲をひろげすぎており、明らかに情報公開法の拡大解釈です。このようなやり方は看過できません」

政府の恣意的な文書不開示決定とダブルスタンダード

日米合同委員会の不透明さ・密室性を浮き彫りにし、情報公開の重要性を訴えるこの訴訟は、序盤で意外な展開をみせた。国側がみずから不開示としてきた、一九六〇年六月二三日の第一回日米合同委員会の議事録中の、「日米双方の合意がない限り公表されない」と書かれた部分を、なんとまったく別の裁判では自分たちの主張の根拠として証拠提出していたことが明らかになったのである。

それは、沖縄本島北部にある米軍の北部訓練場を通る県道七〇号の日米共同使用に関する文書を、沖縄県が情報公開条例にもとづく住民の開示請求に応じて開示しようとしたのに対し、それを知った国が沖縄県の開示決定の取り消しを求めて那覇地裁に提訴（二〇一五年三月四日）した裁判でのことだ。

県道七〇号は、米海兵隊などがジャングル戦の訓練などに使う北部訓練場内を通っているが、日米地位協定にもとづき日米両政府が一九九〇年に共同使用をすることで合意していた。問題の文書は、沖縄県による県道七〇号の共同使用申請を受けて、「米軍が提案した使用条件を那覇防衛施設局長（当時）が県に照会した一九八一年の通知の一部、同使用条件に基づき在沖海兵隊と県、那覇防衛施設局の三者間で九〇年に締結した協定書、通知の一部と協定書それぞれの仮訳文書の合計四点」である（『琉球新報』二〇一五年三月六日）。

県道七〇号が北部訓練場内を通る東村《ひがしそん》の高江地区では、二〇〇七年七月から日本政府が同訓練場に米軍用のヘリパッド（ヘリコプター着陸帯）を建設する工事を進めていた。それに反対する住民や支援者は、建設予定地近くの県道七〇号の路側帯で座り込みをするなど、抗議活動を続けてきた。

防衛省はその抗議活動を排除するために、県道七〇号の路側帯を日米共同使用から米軍専用区域に変更する手続きを進めようとしたといわれる。この防衛省の動きを新聞報道で知った、那覇市在住で市民団体「沖縄平和市民連絡会」の北上田毅氏が、県道七〇号の日米共同使用の条件などを確認するために、二〇一五年一月六日、沖縄県に情報公開条例にもとづく文書開示請求をおこなった（同前）。

沖縄県は二〇一五年一月九日、防衛省の出先機関である沖縄防衛局に文書開示について意見照会をしていた。沖縄防衛局は米軍側に意向を確認し、同年二月一八日に「公開に同意しない」との回答を得た。そのため沖縄防衛局は沖縄県に文書の不開示を求めたが、沖縄県は翌日、開示することを決定したのだった（同前）。

そして二〇一五年三月四日、国が沖縄県の開示決定の取り消しを求める行政訴訟を那覇地裁に提訴した。国は同時に文書開示の執行停止も申し立て、那覇地裁がそれを認めたことから、文書は開示されないままとなった。

裁判で国側は、「日米合同委員会の議事録の一部であり、日米両政府の合意がない限り公表されないと合意している。沖縄県が日米両政府の同意を得ずに開示決定したのは違法である」と主張した。

一方、訴えられた沖縄県側は、「（文書は）日米合同委員会の議事録ではなく、米海兵隊と沖縄県と那覇防衛施設局の三者間の協定書で開示は妥当である。開示にあたって日米両政府の同意は必要としない」と反論した。

国側は二〇一五年三月四日の提訴時の訴状で、第一回日米合同委員会（一九六〇年六月二三日）の議事録中の、「日米双方の合意がない限り公表されない」という部分を証拠提出していた。

つまり、政府みずからが起こした裁判では、みずからの主張に有利なように、非公開としてきた議事録の一部を恣意的に公開したのである。ご都合主義のダブルスタンダードそのものだ。

不開示決定の違法性を訴える国賠訴訟

この国側の身勝手なやり方を、「日米合同委員会情報公開訴訟」でクリアリングハウス側は鋭く指摘した。そのため、国側は方針を一転させ、二〇一六年一〇月一四日に問題の議事録の一部を開示せざるをえなくなった。

それは、英文で「〔日米合同委員会の議事録は〕日米双方の合意がない限り公表されない」という旨が書かれたごく一部の記述のみで、議事録の他の部分はすべて黒塗りにされていた。なお、その前日に開かれた日米合同委員会で、アメリカ側と一部開示について合意を交わしたのだという。

これで「日米双方の合意がない限り公表されない」という合意の存在は確認できた。しかし、そもそもそれ自体が非公開に値する情報ではないことも露呈した。日本政府はみずからの都合で公表するかしないかを使い分けているのだ。情報公開法による日米合同委員会の文書開示請求に対し、政府がいかに固定的・独善的に不開示決定をしているかが浮き彫りになった。

それを受けて、クリアリングハウス側は二〇一六年一一月二四日、外務省の当初の不開示決定には違法性があり、それによって損害を受けたとして、賠償金一一〇万円を求める国家賠償請求へと、この民事裁判での訴えを変更した。

そもそもクリアリングハウスが外務省に対し、一九六〇年六月の第一回日米合同委員会の議事録の一部の開示請求をしたのは、二〇一五年四月三〇日だった。ところが、それよりふた月近く前の同年三月四日には、前述のように那覇地裁での裁判の訴状で国側は、問題の第一回日米合同委員会の議事録の一部を証拠提出していたのである。民事訴訟の記録は原則として誰でも閲覧でき、事実上の文書公開にあたる。

それなのに外務省はクリアリングハウスの開示請求に対し、二〇一五年六月三〇日に不開示決定をした。那覇地裁の裁判で国側がすでに事実上の文書公開をしているにもかかわらず、外務省が不開示決定をしたのは、情報公開請求への対応に際し十分な注意を怠るという注意義務違反があったことになる。そうクリアリングハウスは主張し、国賠訴訟に訴えたのである。

「外務省が最初からきちんと対応していれば開示できた。市民の『知る権利』のためにある情報公開制度なのに、よく吟味もしないで簡単に不開示にするのはおかしい」と原告弁護団の秋山淳弁護士は外務省の恣意的な対応を批判している（『東京新聞』二〇一九年七月一五日朝刊）。

在日米軍からの開示不同意のメール

その国賠訴訟の裁判において、国側（実質は外務省）はさらにおかしな行動に出る。国側は初め、次のように主張した。

当初の不開示決定は、外務省の北米局日米地位協定室の事務官と在日米軍の日米合同委員会事務局長とのメールや電話で、アメリカ側から「開示に同意しない旨の立場が示された」からで、妥当であり違法性もない。日米合同委員会の文書の開示請求があるたびに、アメリカ側の立場を確認したうえで不開示の決定をしている。

そこで、クリアリングハウス側はそのメールを証拠として提出するよう求めた。国側の主張を検証するためである。ところが国側は、日米合同委員会のアメリカ側代表（在日米軍司令部副司令官）の同意が得られないなどの理由をつけて、提出を拒否した。同代表からは「メールの提出に同意しかねる」との陳述書も提出された。そのため、クリアリングハウス側は強制力のある文書提出命令を東京地裁に申し立てた。

すると国側は、裁判所の文書提出命令が出るのを回避するため、なんと初めの主張を撤回し、「開示に同意しない旨の立場が示された」というアメリカ側の立場は、メールではなく電話で確認したものだと言いだした。だが、メール自体が存在することに変わりはない。そのため、裁判所からは「電話よりもメールの方が証拠性が高い」と指摘されるにいたった。

対応に窮した国側は、メールは公務員の職務上の秘密に関する文書で、文書提出命令の適用除外にあたると主張し、あくまでも提出を拒もうとした。クリアリングハウス側は、本当に適用除外の対象なのかどうか、裁判官だけが文書の提示を受けて実見し判断するための「インカメラ審理」を求めた。

やはり「インカメラ審理」も避けたい国側は、日米合同委員会の民事裁判管轄権分科委員会のアメリカ側代表の空軍大佐からのメモランダム（覚書）を提出し、アメリカ側も「インカメラ審理」に反対していると、次のように主張した。

「米国政府が、日米両政府間の内部調整に萎縮効果を及ぼすことを防ぎ、在日米軍の安定的な駐留を維持するためなどの理由から、日本の司法システムに対する信頼と敬意を前提としても、インカメラ手続の実施には強く反対する旨の意思表示をしている」

しかし、裁判所はあくまでも「インカメラ審理」の必要性を認め、二〇一九年三月二五日、国側に同年六月三日までにメールを提示するよう命じた。

秘密体制維持のため外務省と在日米軍が連携

だが、外務省は期限が過ぎても応じなかった。そして二〇一九年六月二七日に突如、国側は理由も明かさずに認諾《にんだく》という手続きをとった。認諾とは、民事訴訟において被告側が原告側の請求を正当なものとすべて認めて、争点そのものをなくし、和解や判決といった法的手続きを経ずに訴訟を終わらせることだ。

この唐突な認諾の結果、国側はクリアリングハウス側の訴えを全面的に認めて賠償金一一〇万円を支払うことで、訴訟そのものを一方的に終了させてしまったのである。実に不可解な対応だが、認諾は外務省の当初の不開示決定に違法性があったと認めることを意味する。国がみずから違法性を認めて賠償する道を選ぶというのは、異例きわまりないことだ。

いったい国側すなわち外務省はなぜそこまでして裁判を打ち切りたかったのであろうか。クリアリングハウス理事長の三木氏は、こう推測する。

「よほど米軍側とのメールのやり取りの内容を知られたくなかったのでしょう。認諾の場合、判決は出ません。外務省は、インカメラ審理や文書提出命令が実施された情報公開訴訟の判例が残るのを、どうしても避けたかったのだと思われます。そうした判例が残れば、日米合同委員会の密室性に蟻の一穴を空けることになるからです」

今回の訴訟を通じて、外務省と在日米軍が日米合同委員会の秘密体制維持のため、メールなどのやり取りで緊密に連携し、文書をことごとく不開示決定で封印している様が浮かびあがった。それは民主主義にとって重要な情報公開制度を空洞化させ、国民・市民の「知る権利」を侵害するものだ。

これと同様の外務省と在日米軍の連携については、本書の第二章でも述べた。米軍に有利な「民事裁判権密約」文書を含む「合意に係る日米合同委員会議事録」の一部を開示すべきとした、情報公開審査会の画期的な答申をめぐり、二〇一六年三月、在日米軍の日米合同委員会事務局長から外務省北米局の日米地位協定室担当者あてに、次のような主旨のメールが送られていたのだ。

「日米間での議論」にもとづきアメリカ側は開示に同意せず、日本政府（具体的には外務省）から情報公開審査会に対して「開示の撤回を求め、必要な説明を行うよう」要請する。

これは日本の情報公開制度への内政干渉ともいえる行為だ。その後、外務省はこのメールを情報公開審査会に提示し、「必要な説明」をおこなった。そして、「合意に係る日米合同委員会議事録」を全面不開示とした外務省の決定は妥当だったとする新たな答申が出された。結果的に最初の画期的な答申はくつがえされたのである。

クリアリングハウスによる国賠訴訟で問題となった外務省と在日米軍のメールのやり取りにも、似たような生々しい連携ぶりが書かれていたのではないだろうか。

政府は情報公開と説明責任をはたすべき

このように外務省と在日米軍が結託して秘密の厚い壁を築く日米合同委員会。

そこでは、米軍という外国軍隊への基地提供すなわち国の主権に関わる重大事項が協議され、決定されている。米軍機の騒音被害や事故、米兵犯罪の被害、基地の環境汚染など、米軍駐留による市民生活への影響は広範囲に及ぶ。

基地の提供は妥当なものなのか、使用条件や周辺住民への影響はどうかなどをチェックするためにも、協議内容は当然公開されるべきだ。日米地位協定をめぐる行政は公正かつ民主的なのか、日米関係はどうあるべきかなどを人びとが考え、議論し、判断するためにも、日米合同委員会の情報公開は必要である。

ところが、日米双方の合意がない限り公表しなくてもいい仕組みが、日米合同委員会の密室でつくられた。米軍が明らかにしたくない、外務省などが知られたくない情報は、ブラックボックスに秘められたままだ。

第二章でも述べたように、前出の二〇一六年三月の在日米軍日米合同委員会事務局長から外務省北米局の日米地位協定室担当者あてメールには、「合同委員会の議事録及び関連文書を開示する権限は、ただ唯一合同委員会のみに属している」との記述もある。

これは日米合同委員会のブラックボックスを絶対化するという一種の宣言とも受けとれる。地位協定にそのような規定はないのに、日米合同委員会が同委員会に関する情報を完全にコントロールするというのである。日本の情報公開の主権が米軍によって制約・侵害されているとしか言いようがない。

「日米合同委員会情報公開訴訟」を振り返って三木氏は、こう総括する。

「日米双方の合意がない限り公表されないという一九六〇年の日米合同委員会の合意は、まだ情報公開制度がなかった六〇年前のものです。時代はすでに大きく変わり、情報公開制度のもと政府には情報公開と説明責任が求められるようになっています。安全保障や外交は国民の理解と信頼なしには成り立ちません。外務省は六〇年も前の合意に固執して形式的に不開示決定をするのではなく、説明責任が果たせるよう、一件一件の開示請求について熟慮し、開示に向けて最大限の努力をする方向でアメリカ側と協議していくよう姿勢を改めるべきです」

日米合同委員会の秘密主義を追認する司法

前出の国が沖縄県を訴えていた那覇地裁での裁判は、二〇一七年三月七日、国側の主張を認めて沖縄県の文書開示決定を取り消す判決が出された。

那覇地裁は「文書はいずれも、日米合同委員会の議事録の一部で、日米両政府の合意がない限りは公表されない」とし、「米政府の同意なく一方的に公開すれば、米政府との交渉に支障が出るのは明らかだ」として、「公開は国の利益や地位を不当に侵害」し、「国の利益や地位を害する情報の開示を禁じた〔沖縄〕県情報公開条例に反して違法」と判断したのである（『沖縄タイムス』二〇一七年三月八日）。

裁判で沖縄県側は、「公開によって国の事務に実質的な支障は生じず、条例に違反しない」と主張していた。しかし判決は、「〔日米〕共同使用の土地を所有する国側は、公開によって財産上の利益や米側との交渉をする当事者としての地位が害されると主張している」と、国側の訴えを認め、沖縄県側の主張をしりぞけた（同前）。

まるで政府の情報隠蔽に加担をするかのような判決だった。県道の日米共同使用の条件など、住民の生活に直結する問題について、県民には当然「知る権利」がある。しかし、判決はそれを重視せず、日米合同委員会の秘密主義を追認したといえる。

沖縄県はすぐに控訴した。「〔地裁判決は〕米国が（文書を）出すなと言っているから出してはいけないと言っているのと何ら変わらない」、「情報公開という国民の権利に関して司法は主体的判断を放棄」したと批判、開示決定の正当性を訴えた（『琉球新報』二〇一七年五月二日）。

だが二〇一八年四月一七日、福岡高裁那覇支部は那覇地裁と同様の判断で控訴を棄却した。沖縄県は最高裁に上告したが、一九年一月一六日に棄却とされた。

一連の裁判の経過の背後には、日米合同委員会の秘密体制が冷然とそびえ立っている。そして、日米合同委員会で米軍側が同意しない限り、関連文書は公開されないという、外国軍隊による日本の情報公開の主権と「知る権利」に対する制約、侵害といえる本質的問題が浮き彫りになった。

第四章

松本清張が暴いていた「別のかたちで継続された占領政策」の深層

松本清張『深層海流』の意図

「米軍機アルトラブ密約」「航空管制・米軍機優先密約」「米軍機情報隠蔽密約」「民事裁判権密約」など、数々の密約をつくりだしてきた日米合同委員会――。

それは米軍の占領時代からの特権を維持するとともに、変化する時代状況に応じて新たな特権を確保してゆくための政治的装置、密約機関といえる。つまり米軍が、日米合同委員会における日本の高級官僚との密室協議の仕組みを利用して、特権を日本政府に認めさせるという一種の巧妙なシステムがつくられている。

このような〝日米合同委員会システム〟を、〝別のかたちで継続された占領政策〟の一環であり、戦後七〇年以上も続くアメリカの強大な対日影響力・コントロールの象徴と鋭く示唆していたのが、現代文学の巨匠・松本清張（一九〇九年―九二年）である。

一昨年の二〇一九年は、松本清張生誕一一〇年だった。社会派ミステリーの代表作『点と線』などのTVドラマが連続放映されるなど、没後二七年を経ても清張作品は根強い人気を持続していることが示された。日常に潜む人間心理の迷宮に分け入るサスペンス、組織の非情な力学と個人の葛藤のドラマ、政治・社会構造の裏面をえぐりだし権力悪に迫る視点、秘められた歴史の深層へと掘り進む史眼と筆力など、乱反射する巨大な多面体のような作品世界が、いまなお読者をひきつけるのだろう。

その松本清張が、日米合同委員会にも言及していた。『文藝春秋』一九六一年一月～一二月号連載の政治情報小説『深層海流』（文書画像11）のあとがき、「『深層海流』の意図」（同誌六二年二月号）の一節である。

『深層海流』は、一九五二年四月の対日講和条約と日米安保条約と日米行政協定（現地位協定）の発効に伴う内閣総理大臣官房調査室（以下、内閣調査室。現内閣情報調査室）創設の裏側で、日米の情報（諜報）機関の緊密な連携に向けた協議が密かにおこなわれていた事実を題材としている。当時の吉田茂総理大臣、緒方竹虎内閣官房長官・副総理大臣、村井順初代内閣調査室長、植村甲午郎経団連副会長など、実在の政治家・官僚・財界人をモデルとした人物らが登場する。

文書画像11『深層海流』と『現代官僚論』

> 占領政策は終わったが、アメリカの政策は一挙に日本から引揚げて行ったのではない。その占領政策は別のかたちで日本に継続された。それは日米安全保障条約（旧安保）によって具体的に示されている。

講和により日本は独立を回復したとはいえ、占領時代のアメリカによる対日管理すなわち対日コントロールの政策と力は、かたちを変えて続いている。そう松本清張は指摘し、その中心は安保条約にもとづいて占領軍から駐留軍へと装いを改めた米軍であると示唆する。

そして、米軍の基地使用と軍事活動の権利を定めた日米行政協定の「実施のために協議機関として日米合同委員会が設置された」と述べる。

同委員会は、日米双方の代表者各一名（日本側では伊関国際協力局長、米側ではウィリアムズ代将）で組織され、財務・通信・出入港・調達・工場・住宅・賠償・裁判管轄権・演習場・民間航空・商港など多くの専門委員会が設けられた。

——『日本現代史』合同出版社刊

別のかたちで継続された占領政策の象徴

日米合同委員会は元もと占領時代の末期、一九五二年三月四日に「予備作業班」として設置されたのが始まりである。日本側代表は外務省の伊関佑二郎国際協力局長、それを補佐する委員として大蔵省の鈴木源吾財務官と石原周夫主計局次長、特別調達庁の甲斐文比古契約部長、外務省の田中弘人国際協力局第三課長が就任した。特別調達庁は、占領軍関係の土地や物資や役務の調達、基地の工事などの業務を管轄していた官庁である。

アメリカ側代表はＧＨＱ（連合国最高司令官総司令部）の主任経理官ウィリアムス代将（陸軍の准将）で、補佐する委員として、空軍のライアン大佐、海軍のシュレイバー大佐、国務省のサリヴァン二等書記官が就任した。

この予備作業班本会議の下に、財務、税、通信、出入国、気象、民間航空、調達、商港、工場、陸上演習場、海上演習場、住宅、賠償、裁判管轄権といった各専門分野に関わる一四の分科委員会（専門委員会）がおかれた。それらの委員には、日本側からは関係各省庁の高級官僚が、アメリカ側からは米占領軍の各関係担当官である高級将校などが就いた。

予備作業班は米軍基地の継続使用の手続きと、航空法の最低安全高度などを米軍機には適用除外とするなど米軍に有利な、特例法・特別法の法案づくりなどを進めた。各分科委員会で協議し合意に達した内容を本会議にかけ、決定するという方式がとられた。

予備作業班は一九五二年四月二八日の安保条約と行政協定の発効を機に、日米合同委員会と改称された。メンバーと機構も同じまま業務を継続した。米軍は行政協定により占領時代と同じように基地を自由に使い続ける権利を得たのである。

つまりGHQという、占領下日本での最高権力のもと設置されたのが、日米合同委員会の出発点である。米軍の要求が絶対だった占領下の日米の力関係が、この組織の基底に刻印されている。基地の提供は日米合同委員会で協議・決定すると、行政協定で定められた。国会の承認は必要とされない。外国軍隊への基地提供という主権に関わる重大な問題が、国会議員や市民の目の届かない日米合同委員会の密室で決められてしまう仕組みが、最初からつくられているのだ。

日米合同委員会の本質は、占領軍から駐留軍へと国際法上の地位を切り替えた米軍が、日本の官僚機構との密室協議を通じて、実質的に占領時代と同様の特権を維持するための組織である。松本清張が指摘する〝別のかたちで継続された占領政策〟の象徴的存在といえる。

日米の情報機関による合同委員会

さらに興味深いことに、松本清張は前出の『『深層海流』の意図』で、もうひとつの日米合同委員会の存在にもふれている。日米の情報機関の緊密な連携に向けた協議機関としての合同委員会である。このもうひとつの日米合同委員会も、一九五二年四月二八日の講和条約、安保条約、行政協定の発効直後に発足している。

国内の治安関係、特に共産党関係を当面の主題とする国内治安警備の日米合同委員会が秘密裡にもたれた。これには、日本側から当時の内閣調査室長が、幹事として当たっている。国警長官を初め警察、外務、郵政各省の委員が参加した。

行政協定の実施のための協議機関である前出の日米合同委員会が〝表の合同委員会〟とすれば、こちらは〝裏の合同委員会〟といえる。それが「秘密裡にもたれた」理由は、こう説明されている。

占領中はGHQがあって直接日本国内の警察を指揮していたが、GHQが解消すると、その機関は日本側に肩代わりされた。しかし、安保条約でうたっているように、日本国内に米軍が駐留し、日本を共産圏に対立させる必要上、『外国の教唆による』動きその他治安を紊乱する動きに対して、アメリカ側としては全面的に日本に任せっ放しにするわけにはいかない。

当時は朝鮮戦争（一九五〇年六月〜五三年七月）の最中で、在日米軍基地は出撃・兵站の一大拠点だった。アメリカは日本を対共産主義陣営の前線基地と位置づけ、当時のソ連など共産主義陣営からのスパイ活動や破壊工作の脅威を日本政府に説き、日米の情報機関の連携を求めたのだ。むろん占領時代のアメリカ側優位の延長線上で、アメリカ主導の連携である。

合同委員会は情報交換機関という特別委員会を設定したのだ。そのときに相互間で交わされた『機密』『極秘』文書の幾つかは、拙作『深層海流』の中に挿入しておいた。これによると、日本側はその知り得た情報をアメリカ機関に報告し、アメリカ側からも情報を貰うという仕組みになっている。

但し、情報というものが単なる資料の蒐集ではなく、今ではそれが謀略と紙一重であることは、ＣＩＡ〔アメリカ中央情報局〕などの最近の活動の暴露によっても知られる通りである。

占領中のＧＨＱは、その絶対権力にものを云わせて情報関係は直接のかたちで動くことが出来たが、講和条約が発効してからは、それを秘匿された代行機関に譲ったのである。それをＣＩＡという名で呼ぶべきものかどうかは分からないにしても、常識的に考えてあり得ることだ。

情報機関の連携を記した機密・極秘文書

この日米の情報機関の緊密な連携に関する「機密・極秘文書」とは、たとえば「日本諜報調整委員会代理委員会の運営に関する件」（一九五二年五月一六日付）である。

それは極東軍司令部参謀部軍事情報局発、外務省国際協力局長宛て覚書で、日米双方の諜報活動（スパイ活動）による情報の交換は、「日本政府および極東米軍双方の利益」となり、「極東米軍に課せられている使命、即ち日本の軍事的安全保障を効果的に遂行する」ために必要であると強調している。

「日本の直面せる脅威についての米側の判断を日本側に熟知してもらう」ため、米極東軍の司令官が日本の総理大臣と会談を重ね、ソ連や中国の戦略と兵力の評価、日本国内での「内部攪乱乃至組織的なサボタージュ事件」の可能性などについて検討したこと、米極東軍の諜報担当の参謀部第二部（Ｇ２）保安課と日本の法務府特審局（現公安調査庁）が、「日本における潜在的破壊活動に関して」討議したことなども記されている。

そして、このＧ２の責任者が日本の外務大臣とも会談し、日本政府と米極東軍の諜報関係の代表者どうしが定期的会合を持つことに合意し、「日本諜報調整委員会」が誕生したのだと述べる。日米双方による情報収集は、「米軍の安全のため必要」とされ、その情報は大別すると次の三つの分野に関わるという。

第一は日本の戦略的弱点、即ち攻撃に対し防禦を必要とする日本国内の地域および施設、第二はサボタージュ、破壊分子、または外国のスパイ活動による日本の安全に対する国内からの脅威、第三は近隣共産主義国の武力による外からの脅威。

そのうえで、このような情報を日米双方で分かち合う必要性は、「独立国としての日本の再出発に際し、米日両政府の相互の任務と了解されている日本の安全に対する責任という見地」から明白であると強調している。

そして、上記の「日本において必要とする諜報」の三つの分野について、具体的な事例をあげている。「日本の戦略的弱点」としては、「重要生産施設、交通網および鉄道並びに港湾に特に関係のある施設、通信網、水力発電およびその他の動力網および重要軍事補給基地」を列挙している。

さらに、本州と北海道を結ぶ電話通信の中継局、北日本を南北に走る鉄道の橋梁やトンネルなどが、敵の攻撃やサボタージュの恰好の目標となる点に留意し、「これらの施設の防衛のため必要な情報」の収集に努力すべきだと、細かく指摘する。ソ連軍が北海道に侵攻した場合を想定してのことだろう。

第二の分野「日本内部からの脅威、即ち国内治安の問題」についても、「日本におけるすべての破壊分子、特に共産党の勢力傾向および武力並びにサボタージュに対する能力を常に知っていることが絶対に必要である」として、米軍側が「日本共産党の勢力を常に注意深く監視してきた」点を踏まえ、今後も共産党関連の情報収集が重要だと説いている。

いずれの場合にしても、日米双方の専門家は相協力して、おのおのの分野の諜報活動がいかにして改善されるかを知り、それによって双方の委員会のため適切な勧告を行なうことが出来るのである。

「日本諜報調整委員会代理委員会」の意義をそう強調して、文書は結ばれている。この極秘の覚書を受け取った外務省国際協力局長とは、まさに前出の行政協定の実施のための日米合同委員会（〝表の日米合同委員会〟）の日本側代表である。

表と裏の日米合同委員会システム

また、「日米情報連絡機関について」（一九五二年六月五日付）という文書には、アメリカ側の担当軍人と日本側の内閣調査室長の間で、「日米情報連絡委員会の組織運用について具体的に検討」され、「決定」されたとあり、総称を日米合同委員会とする旨が記されている。

委員会は、日米情報連絡に関する組織運用の最高方針を決定し、その運用の実際を監督する。幹事は代理委員会議長であり、委員会にも常に出席する。幹事は日米合同委員会、同代理委員会の議題、日時、その他の運用について細目的準備を行う。

運営については、日本防衛関係の情報を中心として取扱う。国内脅威に関する情報を加え、日本国内における米国各情報機関と日本各情報機関の連絡に関する事項も本委員会で取扱う。情報連絡は情報交換を原則とする。日米合同委員会は月二回乃至三回ぐらい開催する。機密保持については特に研究し、日本側においても関係機関で統一ある内規を作成する。

月一回程度、本委員会において米国側より極東情勢に関し突っ込んだ説明と、日本側よりは日共その他の国内革命勢力の動向につき突っ込んだ説明を行うよう研究をする。主要テーマについては幹事会で協議する。

同文書の別紙には、次のようにひんぱんに開かれた「会合状況」も出てくる。

（別紙）会合状況

五月二日、第一回日米合同委員会（予備会議）。五月三日、日本側代理委員会連絡会議。五月五日、日本側委員会連絡会議。五月十五日、第二回日米合同委員会。五月二十日、第一回日米幹事会。五月二十三日、第一回日本側委員会。六月十五日、第二回日米幹事会。六月十八日、第三回日米幹事会……

この日米情報機関による合同委員会の日本側委員には、国警本部（現警察庁）長官、警察予備隊（現自衛隊）長官、海上保安庁長官、外務省国際協力局長、法務庁（現法務省）行政長官、代理委員には内閣調査室長、国警本部警備部長、警察予備隊警務局長、海上保安庁警備救難部長、法務府特審局調査部長、外務省国際協力局次長、専門委員には郵政・運輸・通産・建設の各省と海上保安庁と国警本部の実務担当の官僚が就いた。アメリカ側はＣＩＡや米駐留軍情報機関のメンバーである。

このように外務省国際協力局長は、〝表の合同委員会〟と〝裏の合同委員会〟の両方に属していた。両者は表裏一体となって、アメリカによる〝別のかたちで継続された占領政策〟を密かに遂行する〝日米合同委員会システム〟とも呼べる機能を持つのである。

松本清張は『深層海流』のなかで、日米情報機関による〝裏の合同委員会〟のありかたは、まさに「表向きの講和条約に含まれた日米安全保障条約の裏側なのだ」と、解き明かしている。この日米安保体制の表裏一体の構造を通じて、アメリカ政府・米軍は、講和で表向き独立を回復した日本に対し、実質的に占領時代と同じような強い影響力を保持してゆこうと考えていたにちがいない。

『日本の黒い霧』から『深層海流』へ

『深層海流』は、松本清張が下山事件、松川事件、帝銀事件など占領下日本で起きた怪事件の謎に挑み、背後に米占領軍の影を見出したノンフィクション『日本の黒い霧』（『文藝春秋』一九六〇年一～一二月号連載）に続いて書かれた（文書画像12）。

小説仕立てになっているが、文中に挿入された機密・極秘文書は、松本清張が独自のルートで入手した本物である。その経緯を本人が次のように語っている。『深層海流』が『日本の黒い霧』と深い連続性を持つことを示す取材秘話である（『続・松本清張の世界』田村栄著、光和堂、一九九三年）。

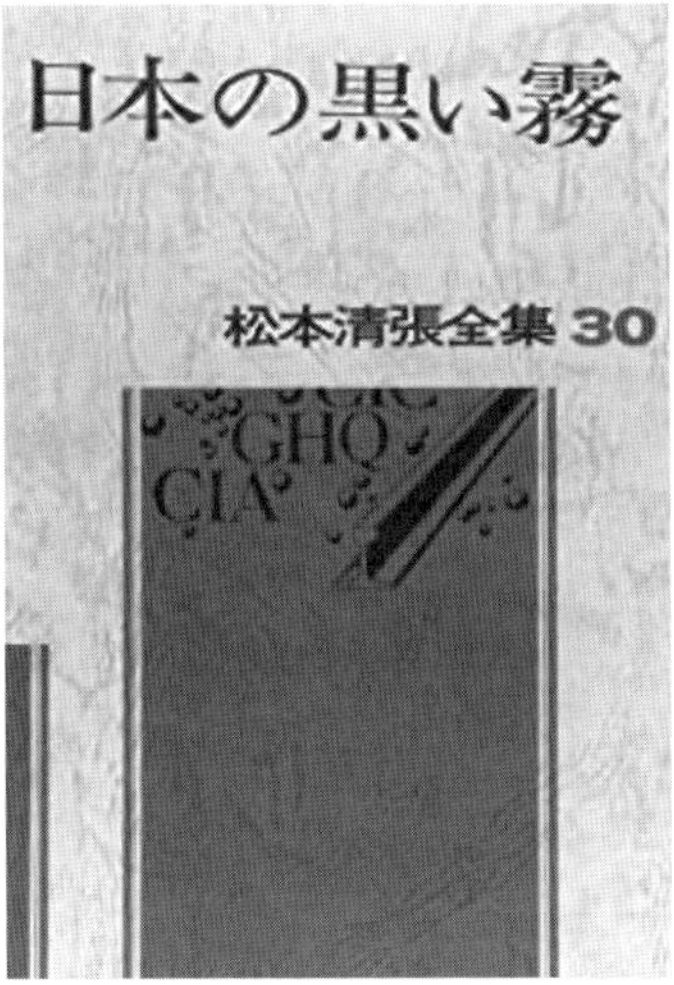

文書画像12『日本の黒い霧』

『日本の黒い霧』はだれにもタッチさせないで私自身が取材したんですよ。身分は言えないけれども、権力の中枢にいる、しかも公安関係の人から手紙が来て、全くの自分の気持ちからあなたにだけは話したい、と言われたわけだ。その人はまだ現役だったんだ。そして、表に立たない職務の人なんだな。戦後からずーっとアメリカの占領政策のもとでいろんなことにタッチした公安関係の人ですよ。

『下山事件』のときが最初だったんだけど、その人、非常に用心して、最初に指定した場所では決して話をしないんだ。そこからすぐ別の場所を指定されるわけだ。タクシーを何度乗り換えたかわからないよ。

で、会って、下山さん〔初代国鉄総裁の下山定則氏〕はああいうことだった、と。下山さんは殺されたんじゃないかという推測はあったけれども、あんなに具体的に、しかも『下山総裁謀殺論』と正面からうたって書いたのはあれが最初ですよ。

それから以下いろいろと書いたわけです。『日本の黒い霧』はテーマ別だから、そのとき聞いたいろんな話でテーマに外れたのもあるわけでね、それを集めたのが『深層海流』なんだ。

松本清張は『深層海流』を小説仕立てにした理由を、前出の「『深層海流』の意図」でこう述べている。

私は『深層海流』を『日本の黒い霧』の続編のようなつもりで書いてきた。これを小説というかたちにしたのは、いちいち本名を出しては思い切ったことが書けないからだ。

それぞれに実名を登場させて具体的にはっきりさせるためには、もっと時日を経なければならぬ。私が『深層海流』の中に書いたことは、正確と思われる資料と調査によっているのだが、部分的には勿論フィクションになっている。旧安保時代の日本のかくされた姿が少しでも捉えられていたら私の目的は達する。

自在に動けるアメリカの情報機関員

この「日本のかくされた姿」を象徴する日米の情報機関の連携〝裏の合同委員会〟は、当然ながらアメリカ側の情報（諜報）機関員の日本国内での自由自在な活動を前提としている。それを示すアメリカ政府の公文書もある。

一九五七年二月一四日付、駐日アメリカ大使館からアメリカ国務省への極秘報告書「在日米軍基地に関する報告」である。日米密約問題に詳しい国際問題研究者の新原昭治氏が、アメリカ国立公文書館で秘密指定解除された同報告を発見した。

米軍が日米安保条約・行政協定にもとづき、いかに占領時代と同様のフリーハンドの基地使用と軍事活動の特権を得ているかがこう書かれている。

行政協定は、米国が占領中に持っていた軍事活動遂行のための大幅な自立的行動の権限と独立した活動の権利を米国のために保護している。

行政協定のもとでは、新しい基地についての要件を決める権利も、現存する基地を保持し続ける権利も、米軍の判断にゆだねられている。……中略……多数の米国の諜報活動機関と対敵諜報活動機関の数知れぬ要員がなんの妨げも受けず日本中で活動している。

米軍の部隊、装備、家族なども、地元とのいかなる取り決めもなしに、また地元当局への事前情報連絡さえなしに日本への出入を自由におこなう権限が与えられている。日本国内では演習がおこなわれ、射撃訓練が実施され、軍用機は飛び、その他の日常的な死活的に重要な軍事活動がなされている。すべてが行政協定で確立した基地権にもとづく米側の決定によって。

——新原氏訳／『日米「密約」外交と人民のたたかい』新原昭治著　新日本出版社　二〇一一年

驚くべきことに、「米国の諜報活動機関と対敵諜報活動機関」すなわちCIAや、米駐留軍情報機関である陸軍対敵諜報部隊（CIC）や海軍諜報機関（ONI）などの要員が多数、なんら制約も受けずに諜報すなわちスパイ活動を日本中でおこなっているというのだ。

いや驚くこともないのだろう。松本清張の言うとおり安保条約のもと「占領政策は別のかたちで日本に継続された」以上、当然の結果ともいえる。

日本におけるアメリカの情報機関員の特権を示す一例がある。米軍関係の事件・事故を扱う検察官向けの法務省刑事局の内部文書『部外秘　外国軍隊に対する刑事裁判権関係通達・質疑回答・資料集』（一九六五年）（文書画像13）に、このような解説が載っている。

ＣＩＣ員が情報提供者に面接情報収集のため某料理店に自動車にて赴く途中、運転を誤り他人を殺傷した場合。

〔それは〕公務執行中である。

ＣＩＣとは米陸軍の対敵諜報部隊でCounter Intelligence Corpsの略称である。その要員が情報収集つまりスパイ活動のため車を運転中、人身事故を起こしても、公務中に該当し、日米地位協定の刑事裁判権に関する規定「米軍人・軍属の公務中の犯罪はアメリカ側に第一次裁判権がある」に従って処理されるというわけだ。

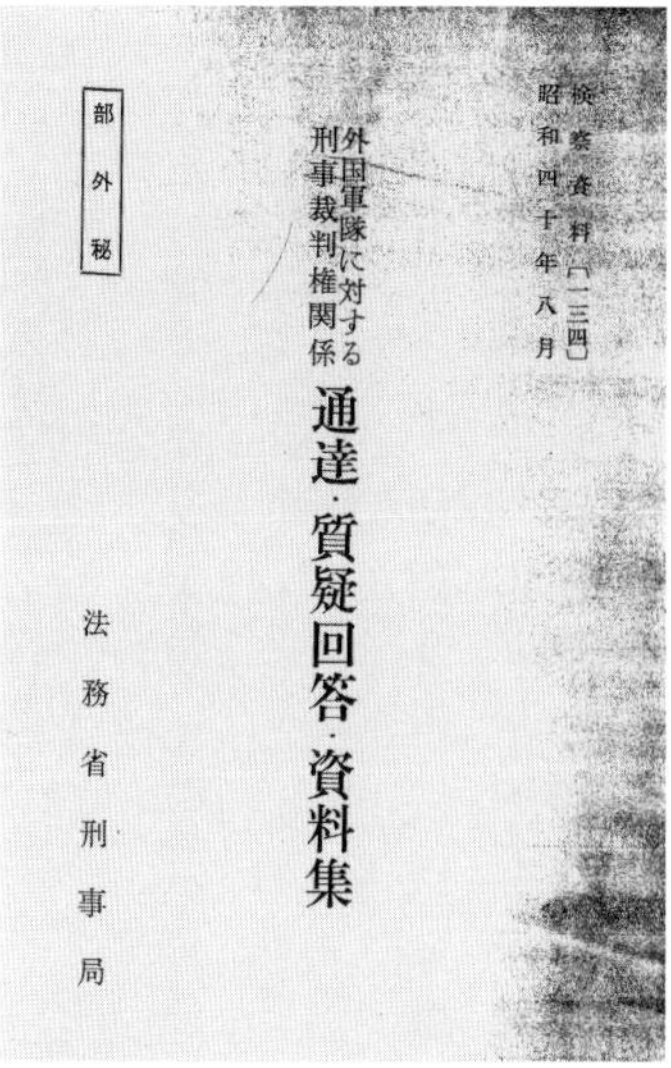
検察資料〔一三四〕
昭和四十年八月

部外秘

外国軍隊に対する刑事裁判権関係
通達・質疑回答・資料集

法務省刑事局

文書画像13「部外秘　外国軍隊に対する刑事裁判権関係通達・質疑回答・資料集」（新原昭治氏提供）

つまり、スパイ活動中のＣＩＣ員がたとえ車で日本人をはねて殺傷しても、公務中としてアメリカ側に第一次裁判権があるので、日本側当局に逮捕・起訴されることはなく、日本の裁判所で裁かれることはないのである。実にアメリカの情報機関に都合のいい仕組みだ。この法務省刑事局の部外秘資料の解説は、それを検察官に周知徹底するためのものである。

米軍の便宜をはかる日米合同委員会の合意

米軍の機密保持や情報機関員の便宜をはかるための、日米合同委員会の秘密合意も存在する。やはり法務省刑事局の内部文書『秘　合衆国軍隊構成員等に対する刑事裁判権関係実務資料』（一九七二年）や、警察庁刑事局の内部文書『部外秘　地位協定と刑事特別法』（一九六八年）などに記載されている。いずれも米軍関係の事件・事故を扱う検察官や警察官向けの秘密資料である。

その秘密合意とは、一九五三年一一月の「日米合同委員会裁判権分科委員会刑事部会において合意された事項」の「47．急使等に関する特例」である。機密文書・資料を運搬・伝達する米軍の要員（急使等）は、日本国当局に拘束されないという特権を認めたものだ。

権限を与えられたすべての急使その他機密文書若しくは機密資料を運搬又は送達する任務に従事するすべての軍務要員は、その任務の性質により、その氏名と所属部隊を確かめるという必要以上に他の目的のためにその身柄を拘束されず、且つ、その所持する文書又は資料はその所持を奪われ、開披され又は検査されないものとする旨相互に合意される。

米軍の要員が仮に日本の警察などから何か不審を抱かれ、職務質問などを受けても、機密文書・資料を運搬・伝達しているとの身分証明書を示せば、氏名と所属部隊名以外はノーチェックで済み、拘束もされないし、文書・資料の検査などもされないのである。やはり米軍の情報機関員の自在な活動に都合のいい取り決めである。こうした米軍の要員は、下記の記載がある英語と日本語の特別の身分証明書を支給されている。

この身分証明書の所持者は、公務に従事しており公の機密文書又は資料の保持の責に任じているものである。この者は、その氏名及び所属部隊を確かめるという必要以上に如何なる目的のためにもその身柄を拘束されることはない。この者の所持する文書又は資料はその所持を奪われ、開披され又は検査されることはない。

さらに、「〔日米両国の関係当局は〕身分証明書の存在及び内容並びに上記双方の合意の実行の必要性について、双方の関係法律執行機関に周知させるものとする」と、合意されている。なお、この「47．急使等に関する特例」では、機密文書・資料を運搬・伝達する米軍の要員が犯罪を犯した場合、任務の終了後、日本の警察から出頭を求められたら、「直ちに日本国の法律執行機関に出頭するものとする」と合意されている。

つまり、たとえ犯罪を犯していても、機密文書・資料を運搬・伝達する任務中であれば、「急使等」の身分証明書を示すことで、日本の警察などからただちに身柄を拘束されることはないのである。

そして、任務終了後、米軍基地にもどり、日本の警察に出頭しないまま、密かに軍用機や軍艦に乗って出国してしまうこともできなくはないだろう。米軍人は地位協定にもとづき、基地を通じて自由に出入国でき、日本の出入国管理に服さなくてもいいからだ。

日米行政協定の裏取引

日米の情報機関の連携について、松本清張は『深層海流』のあとに書いたノンフィクション『現代官僚論』（『文藝春秋』一九六三年一月～六五年一一月号連載）中の「内閣調査室論」でも、次のようにふれている。なお、『現代官僚論』は官僚機構の深部にメスを入れ、日本の行政権力の構造を腑分けせんとする作品だ。

〔一九五二年〕当時、講和後に備えて、アメリカ側の要請に基づき、日本情報〔諜報〕調整委員会というものが持たれた事実がある。これは未だに秘匿されているが、この委員会には村井順が内調室長の資格で日米双方の委員の幹事役をつとめたものだ。この秘密委員会は日米行政協定の裏取引といってもよいもので、村井内調室長の幹事役は同時に当初の内閣調査室の性格の一面をも語っている。

このような委員会が米軍と日本政府側との間にもたれていたことはむろん、国民はおろか、議会にも報らされないことだった。

そして、『深層海流』に挿入した機密・極秘文書も同じように引用している。

ただ、「日本情報調整委員会」はその後、十分に機能しないまま解消されたと、松本清張は指摘する。

このようにして講和発効後の空隙を埋める諜報または情報の交換は企図されたが、しかし、それは当然に成功しなかった。『日本政府及び極東軍双方の利益』の上で『情報連絡は情報交換を原則とする』と規定したものの、アメリカ側は日本側に高度の情報を流すことはなかったのである。彼らは日本には秘密保護法がないから、そのような情報を与えるのは危険であるとの理由で拒否したのだった。これにはせっかく意気ごんだ日本側委員も一言もなかったらしい。

また、日本側がアメリカに提供する情報というのは向こうから見てあまりよい情報ではなかった。これは当然で、それまでＧＨＱという巨大な勢力によって強引に情報を収集してきたアメリカからみれば、日本側の出す情報なるものは不満足なものに映ったのだ。

日本情報調整委員会も結局は、日本側の無力のために雲散霧消した。だが、大事なことは、このような企図が初期の内調の性格を示している点にある。

「ムサシ機関」という日米秘密情報機関

しかし、それで日米の情報機関の連携が立ち消えになったわけではない。

たとえば、陸上自衛隊の秘密情報部隊である「陸幕第二部別班」（陸上幕僚監部第二部特別勤務班）の元別班長で、元自衛隊陸将補の平城弘通氏の回顧録『日米秘密情報機関「影の軍隊」ムサシ機関長の告白』（講談社 二〇一〇年）には、陸上自衛隊と在日米陸軍が協力して秘密の情報収集活動すなわち諜報活動を長年おこなってきたことが書かれている。

同書によると、一九五四年頃、「在日米軍の大規模撤退後の情報収集に危機感を覚えた」当時の米極東軍司令官ハル大将が、吉田茂首相に書簡を出し、「在日米軍の削減に伴う日米共同防衛作戦の必要性」と「自衛隊による秘密情報工作員育成の必要性」を提案したという。

そして、陸上自衛隊の情報収集部門である陸幕第二部と米陸軍第八軍の情報収集部門Ｇ２との間で、「軍事情報スペシャリスト訓練 Military Intelligence Specialist Training／ＭＩＳＴに関する協定」が結ばれた。ＭＩＳＴとは米軍の「軍事特別情報員教育機関」で、「日本側が要員を差し出し、高度の情報収集訓練の理論およびその応用を習得」させるものだった。

この協定にもとづき陸幕第二部の幹部自衛官がアメリカ陸軍情報学校に派遣されて訓練を受け、さらに一九五六年からは朝霞（埼玉県）にあった米陸軍基地キャンプ・ドレイクでの陸幕第二部員への秘密情報工作員の育成訓練が始まった。

一九六一年には、当時の杉田一次陸上幕僚長（陸将）と西村直己防衛庁長官による承認のもと、広瀬栄一陸幕第二部長（陸将補）と米陸軍第五〇〇軍事情報部隊（五〇〇ＭＩ）指揮官ウッドヤード大佐との間で新協定が調印された。
その目的は、「日米両者が、双方平等の立場から、共同の責任において、それぞれの資金を分担して秘密情報工作を行うこと」だった。そして、従来の「軍事特別情報員」の訓練組織を改め、「ムサシ機関」という秘匿名を持つ日米合同の秘密情報機関が編制された。「情報員訓練から情報収集機関に発展した」のである。平城氏は次のように述べる。

この機関の発足の裏には、在日米軍の兵力削減による情報部門の弱体化を防ぎ、日米の連携強化をねらった米軍の要請があったのだ。それに自衛隊が便乗した、という事情である。

「ムサシ機関」の日本側要員は陸幕第二部付で、その二部情報収集班の指導下におかれ、「陸幕第二部別班」として活動を始めた。後に「ムサシ機関」の上級機関として、陸幕第二部長と米太平洋軍情報部長による定例の「日米情報連絡会議」（JA会議）も設けられた。「ムサシ機関」の秘密情報工作の対象と具体的な活動について、平城氏はこう説明している。

目標圏は、日米の脅威の対象国、極東ソ連、北朝鮮、中華人民共和国、ベトナムなどで、極東共産圏諸国を優先した。タイ、インドネシアは一応友好国にはなっていたが、いつ爆発するかわからないから、これも対象となった。

工作員は私服ではあるが、本来は自衛官であり、米軍と共同作業をしている。そして工作員は、自身がいろいろと工作をやるのではなく、エージェントを使って情報収集をするのが建前である。身分を隠し、商社員、あるいは引揚者、旅行者などと接触し、彼らに対象国の情報を取らせるのだ。

アジア地域に駐在、または往復する商社員、日本海に出漁し、ソ連、北朝鮮の港に寄港の可能性のある漁民の協力者に対する訓練、任務付与等の活動は実施していた。

こうして密かに集めた情報は米軍側と共有したのだった。なお、米軍側から「ムサシ機関」に対して日本国内情報の収集の要望はなかったという。それは、「アメリカの情報機関は警察と公安調査庁に別個のルートを持っていた」からだと、平城氏は述べている。

アメリカの情報機関との密接な関係

『自衛隊の闇組織　秘密情報部隊「別班」の正体』（石井暁著　講談社現代新書　二〇一八年）によると、「陸幕第二部別班」は情報収集活動の場を当初の日本国内から、しだいに海外にまで広げていったという。

冷戦時代から、主に「旧ソ連、中国、北朝鮮に関する情報収集を目的に、国や都市を変えながら常時三ヵ所程度の拠点」を設け、最近は「ロシア、韓国、ポーランドなど」で、商社員などに「身分を偽装した自衛官」が情報収集活動をしてきたという。現地の協力者を使って集めた「軍事、政治、治安」関係の情報は、「出所を明示せずに陸幕長と情報本部長に」上げている。その活動は限られた関係者しか知らず、総理大臣や防衛大臣にも知らされていない。米軍との関係については、こう書かれている。

冷戦時代の別班発足当初は米陸軍の指揮下で活動したとされる。陸幕運用支援・情報部長の直轄となった現在でも『米軍と密接な関係がある』と指摘する関係者は多い。

また同書によると、「陸幕第二部別班」のほかに、海上自衛隊の「情報業務群基礎情報支援隊基礎情報第2科」は米海軍横須賀基地の「在日米海軍の情報部隊と関係が緊密」であり、航空自衛隊の「作戦情報隊情報資料群第2資料隊」は米空軍横田基地の「第5空軍情報部隊とは一体とも言える関係」だという。

このように自衛隊の情報機関は、米軍の情報機関と緊密な連携を続けている。

自衛隊のほかに、前出の『日米秘密情報機関』の記述にもあるように、「アメリカの情報機関は警察と公安調査庁に別個のルート」を持って、それぞれ連携している。また、「警察、内調〔内閣情報調査室〕、外務省はいずれも米中央情報局（CIA）との情報交換」をおこなっている（『自衛隊・知られざる変容』朝日新聞「自衛隊50年」取材班著　朝日新聞社　二〇〇五年）。

アメリカの情報機関NSA（国家安全保障局）の世界的なインターネット監視・盗聴活動を暴

露した、元NSA職員エドワード・スノーデンの告発からも、日米の情報機関の連携が明らかになった。

『スノーデン・ファイル徹底検証』（小笠原みどり著　毎日新聞出版　二〇一九年）によると、スノーデンが暴露した日本関係のNSA秘密文書（二〇一三年一月二九日付）には、内閣情報調査室が「サイバー・ネットワーク防衛」（CND）分野で、米軍と連携を進めていることが記されている。「サイバー分野で日本側を主導するよう任命」された内閣情報調査室は、同分野での「実務能力を育成するための支援」をNSAに求め、二〇一二年九月一〇日には、内閣情報調査室のトップを務める内閣情報官が、「NSA（場所は明記していない）を訪ねてサイバー・ネットワーク防衛について話し合った」というのである。また、同年一一月には防衛省情報本部電波部のトップがNSAを訪れた際にも、サイバー・ネットワーク防衛が「重要な議題となった」という。

さらに二〇一三年四月八日付の秘密文書には、NSAが防衛省情報本部電波部に「エックスキースコア」など、個人のEメールなど非公開情報まで密かに検索できるインターネット大量監視用の「違法監視プログラム」をも提供し、「これらの監視システムを使いこなし、米国の監視網に貢献するサイバー・スパイを防衛省・自衛隊内に養成する」ための講師も派遣すると記されていた。

アメリカ中心の諜報・監視ネットワーク

このような日米の情報機関の緊密な連携は、アメリカ側情報機関の人員・予算面での圧倒的な規模の巨大さ、世界中に張りめぐらした諜報ネットワーク、収集する情報量の豊富さ、諜報技術開発の優位、実践とノウハウの蓄積などから、アメリカ側主導であることはまずまちがいない。

ましてや日本政府の対米追従・従属的な政治姿勢からしても、アメリカ側に主導権があるのは当たり前だろう。在日米軍基地がアメリカの世界的な軍事戦略を支える海外基地ネットワークに組み込まれているのと同じように、日本側情報機関もアメリカのグローバルな諜報ネットワークに組み込まれているといえよう。

前出の二〇一三年四月八日付のNSA秘密文書にも、NSAが日本側に「エックスキースコア」など、通信の秘密やプライバシーを侵す「違法監視プログラム」を提供し、要員の育成までするのは、「米国の監視網に貢献」させるためであり、アメリカを中心とする国際的な諜報・監視ネットワーク拡大の戦略にプラスになる旨が、こう記されている。

日本におけるサイバー・ネットワーク防衛の開発を支援するのは、センシティブな機密情報を共有するパートナーの国々のサイバー・ネットワーク防衛能力を我々がてこ入れしていくという、NSAと米国政府の長期戦略目標にかなっている。

——『スノーデン・ファイル徹底検証』

また、前出の『自衛隊の闇組織……』によると、航空自衛隊の「作戦情報隊情報資料群第2

資料隊」は、米空軍横田基地の「第5空軍情報部隊」から情報提供の要求を受け、それに応えて収集した情報を提供する先も「第5空軍情報部隊」だという。同資料隊は米軍からの要求に忠実に従っているらしい。

日米の情報機関の連携は、松本清張のいう〝別のかたちで継続された占領政策〟を本質とする、日米安保条約・行政協定（現地位協定）体制の裏面に深く組み込まれている。

もく星号遭難事件と米軍の航空管制

松本清張は前出のノンフィクション『日本の黒い霧』のなかで、〝別のかたちで継続された占領政策〟につながる問題として、日本の空を戦後一貫して覆う米軍の巨大な影にも迫っている。『「もく星」号遭難事件』である。同作品などによると、事件の経過は次のとおりだ。

対日講和条約、日米安保条約、行政協定の発効を目前にした一九五二年四月九日、午前七時三四分、日本航空の羽田発大阪経由福岡行き、マーチン202型双発プロペラ機もく星号が、風雨をついて羽田飛行場を飛び立った。しかし、千葉県の館山上空を通過後、離陸から二〇分で行方不明になってしまった。

いったんは、米第五空軍の捜索機が遠州灘の海上で遭難機を発見、米軍の救助隊が出動、乗員と乗客を救助したとの警察発表もあったが、まもなく誤情報だと判明した。

そして翌四月一〇日、伊豆大島の三原山噴火口の東側一キロの地点に墜落し散乱した機体が発見された。乗組員四名と乗客三三名の全員が死亡していた。

当時は占領時代の末期で、日本の民間航空はまだ自立できていなかった。日本航空は営業面のみを担い、運航面はアメリカのノースウエスト航空に委託していた。だから、もく星号の機長と副操縦士もアメリカ人だった。

日本とその周辺の航空管制も、日本政府にまだその能力がなく、米軍が全面的におこなっていた。東日本では埼玉県にあった米空軍ジョンソン基地（現航空自衛隊入間基地）の管制センターが担当し、もく星号へも米軍の航空管制官が無線で指示を出していた。

事故当日、伊豆半島から大島にかけて雨雲で覆われ、視界はほぼゼロだった。そのため、もく星号は大島などに設置された無線航路標識によって計器飛行し、大島上空を高度六〇〇〇フィート（約一八二九メートル）で飛ぶ予定だった。

しかし、羽田出発時の米軍管制官の指示は「館山通過後一〇分間高度二〇〇〇フィート」だった。二〇〇〇フィートは約六一〇メートルである。その高度で一〇分も飛べば、海抜七五八メートルの大島三原山に衝突する。もく星号機長は疑問を呈して問い返した。羽田に駐在するノースウエスト航空の運航係も、この管制指示を傍受していて、その高度では低すぎると抗議した。

羽田の管制塔の航空管制官も米軍人だったが、このような反問と抗議を受けてジョンソン基地に問い合わせた。その結果、「二〇〇〇フィートは羽田から館山までの飛行高度である」と訂正され、もく星号は離陸した。ところが、なぜか館山上空を通過後も高度二〇〇〇フィートで飛び、三原山に激突したのだった。

未解明の墜落原因の謎

もく星号がなぜそのような飛び方をしたのか。大きな謎である。ジョンソン基地の航空管制官が羽田離陸後のもく星号にどのような高度指示を出していたのかが焦点となった。日本政府の事故調査委員会（委員長は当時の大庭哲夫航空庁長官）は、米軍にジョンソン基地の航空管制室の録音テープの提出を要請した。しかし米軍は応じず、文書で「六〇〇〇フィートを指示」とだけ回答した。

一方、在日米空軍の機関で航空機と基地の交信を記録する「東京モニター」は、ジョンソン基地からの「館山通過後一〇分間高度二〇〇〇フィート」という指示を傍受していた。だが、米軍側は公式にはあくまでも「六〇〇〇フィートを指示」と押し通した。録音テープの提出を再三の要請にもかかわらず拒み通した。

このような米軍の対応は、航空管制上のミスを覆い隠そうとするものと疑われても仕方ない。物的証拠が得られぬまま事故調査委員会は一ヵ月をついやしたのち、「事故調査結果」を公表した。

それは墜落事故の原因について、「結論として、事故の原因は旅客、乗員が全員死亡しているため、確認することは困難であるが、航空交通管制の不手際その他何らかの間接原因にもとづく操縦士の錯誤ということを非常な確実性をもって推定し得る」と、暗示に富む言い回しで結論づけた。

松本清張はこう推理している。もく星号のゆくてには、二〇〇〇フィートよりも高い三原山が雲中に隠れていた。にもかかわらず米軍の航空管制官が高度二〇〇〇フィートを指示し、機長も従ったのには、何かよほどの理由がなければならない。単なる錯誤ですむ問題ではない。悪天候で有視界飛行のできないもく星号は、計器と無線指示に頼るしかない。米軍の航空管制官からの指示に機長が金縛りにされた何らかの状況が発生していたのではないか。それが、「事故調査結果」にある「その他何らかの間接原因」ではないだろか――。

そこで注目されるのが、羽田出発時の当初の管制指示「館山通過後一〇分間高度二〇〇〇フィート」の背景には、もく星号の飛行予定の方向に、約一〇機の米軍機が飛行中という事情があったことだ。それら米軍機を避けるため、もく星号に高度二〇〇〇フィートの指示が出たのではないか。

この当初の指示は、「二〇〇〇フィートは羽田から館山まで」と訂正された。しかし、もく星号の離陸後、やはり米軍機約一〇機を避けるため、館山通過後も高度二〇〇〇フィートの低空飛行を強いられる何らかの状況が生じたのかもしれない。

だからこそ真相解明には、米軍基地の航空管制室の録音テープが必要なのだが、遂に隠し通されて終わった。謎は未解明のままだが、米軍機優先の航空管制が事件の背後にあったのではないだろうか。日本の空は米軍の管理下、支配下におかれていた。

もく星号は米軍機に仮想敵機と見なされた?

松本清張はその後も、もく星号遭難事件に強い関心を持ち続け、同事件を題材にした小説を二作発表している。『風の息』（『赤旗』一九七二年二月一五日〜七三年四月一三日連載）と『一九五二年日航機「撃墜」事件』（角川書店　一九九二年）である。

両作品では、もく星号遭難事件の経過を述べたうえで、墜落の原因についてはサスペンス小説らしく大胆な推理をめぐらせている。

『風の息』では、こうだ。もく星号遭難の当日、もく星号の飛行予定の方向に飛んでいた約一〇機の米軍機は軍事演習中だった。それらの米軍機はもく星号を空中戦の仮想敵機に見立て、標的訓練のため急接近してきた。雲のきれまから米軍機を発見したもく星号のパイロットは、危険を感じて三原山の外輪山裏の砂漠地帯に緊急不時着しようとしたか、飛行コースを北にはずれて三原山方向の空に飛び、緊急待避するつもりだったのかもしれない。しかし、結果的に三原山の山腹に墜落してしまった。

このような推理をしたきっかけは、一九七一年七月三〇日に岩手県雫石町上空で、訓練飛行中の自衛隊F86F戦闘機と千歳発羽田行き全日空ボーイング727旅客機が空中衝突し、墜落した「雫石事故」だったという。自衛隊機のパイロットはパラシュートで脱出して無事だったが、全日空機の乗員・乗客合わせて一六二人全員が死亡した。

事故の原因は、公式発表では自衛隊機が誤って全日空機の定期便ルートに侵入して接触したためとされた。しかし、自衛隊機が全日空機を仮想敵機に見立て、模擬攻撃のために接近した結果、誤って衝突したのではないかとの疑いもマスメディアで報じられた。

その疑いは国会でも野党議員が質問で取り上げた。一九七〇年一〇月六日に浜松の上空で、自衛隊F86F戦闘機が全日空YS11旅客機に対し、急降下しながら二度接近したニアミス（異常接近）の事例などもあげて追及した。しかし、政府側の答弁はそのような疑いを繰り返し否定するものだった。

松本清張は上記の推理にいたった経緯を、『風の息』所収の『松本清張全集48』（文藝春秋一九八三年）付録「月報9：着想ばなし（9）」で、次のように述べている。

昭和四六年（一九七一年）七月三〇日の、全日空機が自衛隊機に『仮想敵機』として演習の目標にされ、接触して岩手県雫石付近に墜落したという新聞記事によってである。頭に閃いたのは『もく星』号が羽田を離陸するとき、『東京地区の各飛行場から出発して、同時刻ごろに同じ方向に向かっていた米陸海軍機が十機ほどあった』という『科学朝日』（昭和四七年六月号〔正しくは昭和二七年六月号〕）の記事だった。

これと、米側が、『もく星』号の機長と米管制官との交信記録（管制記録テープ）を、『もく星』号事故調査会の大庭哲夫委員長（航空庁長官。当時）の再三にわたる要請にもかかわらず、最後まで提出しなかった不審も、わたしの記憶に浮かんできた。

『もく星』号は大島に緊急不時着をするか、あるいはコースを北にはずれた三原山側に緊急待避するつもりだったかもしれない。そういう事態が『米軍機約十機』との間に生じたのではないか。

このわたしの推測について、全日空会長時代の大庭氏に、人を介して確かめたところ、『当たらずといえども遠からず』という返事であった。

『風の息』には、さらに踏み込んだ推理も書かれている。事件当時は朝鮮戦争の最中だったこともあり、米軍機がもく星号を国籍不明機と見なし、急接近して警告のための威嚇射撃をし、誤って銃弾が機体に命中してしまったのではないかというのである。

『一九五二年日航機「撃墜」事件』でも、同じように米軍機がもく星号を仮想敵機に見立て急接近し、民間航空機のパイロットをおどかすつもりで面白半分に銃撃した結果、機体に当たり、『もく星』号は三原山の外輪山裏の砂漠地帯に緊急不時着しようとしたが、失敗して墜落したとの推理が展開されている。

民間航空機を追尾し急接近する米軍機

いずれにしても、これらはあくまでも推理であり、真相は謎のまま残されている。

米軍機が『もく星』号に対し威嚇射撃や面白半分の銃撃までしたという推理は、あまりにも大胆すぎて、やはり無理があるように思える。

ただ、米軍機が『もく星』号を仮想敵機に見立て、急接近してきたので、『もく星』号が飛行コースを北にはずれて緊急待避しようとしたか、あるいは緊急不時着しようとしたかして、結果的に三原山に墜落したという推理には、うなずける点もある。

というのは、米軍機が民間航空機を仮想敵機すなわち標的に見立て、追尾し急接近したと考えられる事件が、実際に起きているからだ。元日本航空機長の山口宏弥氏の論考、「日本の空の安全と日米地位協定（下）」（『平和運動』二〇一九年二月号　日本平和委員会）には、そうした事例があげられている。

一九九〇年代には、米軍戦闘機が民間旅客機を標的として追尾した事例が相次ぎました。一九九七年九月、千歳空港に向かっていた全日空機に三沢基地のF16戦闘機二機が後方から、急上昇や急降下しながら接近してきた事件がありました。パイロットは『まるで標的機を要撃するように追尾しているように感じた』と報告しています。

また一九九八年八月には、日航の広島行の便が高度一万七〇〇〇メートルで飛行中に、厚木から岩国に向かっていた海兵隊の戦闘機が急接近、日航機は急降下して衝突を回避した事例、さらに一九九七年一一月には高知県上空で関西空港に向かっていた日航機に米軍戦闘攻撃機が急接近、機長の緊急回避操作で空中衝突を免れた事例など、米軍機の異常接近が相次いで報告されました。

この一九九七年九月の事件は、同年九月一二日、小松発札幌行き全日空A320旅客機が青森県の陸奥湾上空を高度約六四〇〇メートルで飛行中、米空軍三沢基地のF16戦闘機二機が後方から急接近してくるのが、全日空機の空中衝突防止装置（TCAS）のレーダーによるコンピューター画面に映り、「降下」を指示する警告音が鳴ったので、急降下して衝突を緊急回避した事件である（『朝日新聞』一九九八年一月四日朝刊）。

機長の報告を受けた全日空幹部は、一九九六年八月に三宅島沖上空でオーストラリアのカンタス航空機が、米海軍厚木基地のFA18戦闘攻撃機二機に急接近され、やはり空中衝突防止装置の警告で緊急回避した事例を思い浮かべたという。オーストラリアの航空当局はこの件で日本の運輸省（現国土交通省）などに、「〔米軍機に〕追尾されたのではないか」と調査を依頼していた。全日空幹部も今回の事態に「同じ疑念を抱いた」という（同前）。

米軍側は、上空の現場は訓練空域で、当時、米軍機三機が訓練中だったが、雲のきれまから民間機が現れたので回避行動をとった。三キロあまりまで接近していた。しかし、「旅客機を視認しており、危険は全くなかった」と、前年の三宅島沖上空でのケースと同じ回答をしてきたという（同前）。

また、アメリカ国防総省当局者は一九九八年四月三日、「日本北部上空で米軍機が民間機の衝突防止警報を作動させたケースが、過去二年間で三〇回以上に上っていることを確認した」と述べ、「いずれの場合も国際的な飛行規則に違反しておらず、民間機に危険はなかった」と強調している（『朝日新聞』一九九八年四月四日夕刊）。

国際的な飛行規則の違反を認めた米軍

こうした米軍機による民間機への急接近について、米軍側は危険はなかったと主張している。民間機を仮想敵機に見立て追尾し急接近したとも認めていない。

だが、民間機の空中衝突防止装置が作動して警報を発し、パイロットが衝突の危険を避けるため降下などの緊急回避措置をとらざるをえなかったのは事実である。米軍機に標的視されて追尾されているように感じた機長もいる。オーストラリアの航空当局が「追尾されたのではないか」と、運輸省などに調査を依頼した事実もある。米軍側が危険はなかったと主張しても、納得できるものではない。

二〇〇七年八月八日にシドニー発成田行きのＪＡＬＷＡＹＳボーイング７４７旅客機が、グアム島南方上空を高度約一万一六〇〇メートルで飛行中、右後方上空から米空軍Ｆ15戦闘機二機に追尾され急接近された事件は、米軍側が国際的な飛行規則に違反したことを認め、異例の謝罪をした珍しいケースである。

この事件では、米軍機に急接近されたＪＡＬＷＡＹＳ機の空中衝突防止装置が「降下せよ」の警報を発したので、機長は機体を降下させた。約一三〇〇メートル降下したところで警報はいったん止まった。ところが、二機の米軍機も同じように降下してきて、左後方・下方に現れた。すぐに警報が鳴り、「上昇せよ」と指示したため、機長は機体を急上昇させた。元の高度にもどったとき、二機の戦闘機は右手に飛び去っていった（「日本の空の安全と日米地位協定（下）」）。

衝突を防止するために降下した民間機を、さらに米軍機は同じように降下して追いかけたわけだ。民間機のパイロットにすれば、まさに標的と見なされ追尾されたと感じるのは当然である。「日本の空の安全と日米地位協定（下）」によると、事件後の経過は次のとおりである。事件について機長は帰国後ただちに機長報告書を会社に提出した。それを会社は国土交通省に提出したはずである。しかし、一ヵ月過ぎても回答はなかった。

そこで二〇〇七年九月二七日に、航空関係の労働組合からなる日本乗員組合連絡会議、航空労組連絡会、航空安全推進会議の三者は国土交通省と外務省に、調査状況の確認を求める要請をした。ところが、国土交通省は「国外で発生した事例なので窓口がない」、外務省は「こうしたケースは労働組合がやることではなく、会社がやることではないか」ということで、門前払い同然の対応をされた。

その後、会社からも返答がなかったため、一〇月二六日、三者は駐日アメリカ大使館を訪れ、事実関係の確認を要請した。そして、一一月一五日に大使館を再訪した際、在日米軍第5空軍司令部の航空機関係部長らが面会し、米軍機の飛行に国際民間航空条約の規定違反があったことを認め、謝罪とともに再発防止策を講じると表明したのである。

一一月二九日には、トーマス・シーファー駐日大使から、航空労組連絡会の山口宏弥議長宛てに事件についての謝罪文も届いた。さらに二〇〇八年六月、国土交通省と外務省は事実関係を認めた報告書を発表した。

各種報道によると、米軍側の説明はおおむね次のとおりである。米軍機はＪＡＬＷＡＹＳ機を識別不明機（所属が確認できない航空機）と見なして、後方から約六〇〇メートルまで接近し、確認した。その際、国際民間航空条約の国際的な飛行規則で定めた、戦闘機が識別不明の民間機を確認するとき保たなければならない距離間隔（約八〇〇〇メートル）と高度差（約四五〇メートル）を守らなかった。同じように、地上の航空管制機関に民間機の所属を確認することを怠った。米空軍と地上の航空管制機関であるアメリカ連邦航空局とのコミュニケーション不足が原因だった。

米軍は日本の空を軍事目的のために利用

米軍は、民間機を仮想敵機に見立て追尾し急接近したとは認めていない。しかし、米軍機が追尾し急接近した際に国際的な飛行規則に反する近距離まで近づき、民間機に衝突の危険性と脅威を及ぼしていたケースが、実際にあったのである。

前述の松本清張の推理では、米軍機がもく星号を仮想敵機に見立て急接近したのではないかとされていた。また、米軍機がもく星号を国籍不明機と見なして急接近し、威嚇射撃をしたのではないかともされていた。

上記のように、米軍機が民間機を識別不明機と見なして、追尾し急接近した事件が実際に起きたことから考えると、もく星号は米軍機から国籍不明機すなわち識別不明機と見なされ、威嚇射撃まではされなかったが、急接近されたため危険を感じ、飛行コースを北にはずれて墜落にいたったのではないか、という推理も成り立つ。

米軍も自衛隊も、民間機を仮想敵機に見立て追尾し急接近していたとは認めていない。しかし、米軍であれ、自衛隊であれ、また他の国々の軍隊であれ、軍事組織が民間機を仮想敵機に見立て標的視する危険な訓練の存在を認めれば、強い批判を浴びることはまちがいない。だから、たとえそのような訓練をすることがあったとしても、決して認めたりはしないだろう。

したがって、米軍機がもく星号を仮想敵機に見立て急接近したのではないかという松本清張の推理は、決して非現実的なものとはいえない。軍用機と民間機が同じ空を飛ぶ場合に起こり得る危険性と、軍用機が民間機を追尾する軍事優先の発想の危うさを見抜いたうえでの推理ではないだろうか。

いずれにしても、もく星号遭難事件の背景には、米軍機の飛行優先の航空管制があったのではないかとみられる。米軍は日本の空を軍事目的のために自由に利用していたのである。この米軍による日本の空の自由な利用は、占領が終わって日本が独立を回復しても止むことなく、今日も続いている。

軍事優先の航空管制の既得権

もく星号の墜落からまもない一九五二年四月二八日、対日講和条約が発効して日本は独立を回復し、占領は終わった。しかし、同時に安保条約と行政協定も発効し、米軍は表向きは占領軍から駐留軍に変わっても、従来のフリーハンドの基地使用と軍事活動を保障された。

米軍による航空管制も続いた。日本側にまだ実施態勢が整っていなかったからだ。一九五二年六月二五日の日米合同委員会の「航空交通管制に関する合意」（「五二年合意」）では、日本側が航空管制を安全に実施できるまでは、引き続き米軍の手にゆだねるとされた。

やがて米軍による日本人航空管制官（運輸省航空局職員）の訓練・養成が、ジョンソン基地や板付基地などで始まり、一九五五年から徐々に地方空港での「飛行場管制業務」（飛行場での離着陸などを管制する）が日本側に移管されていった。

一九五七年四月、日米合同委員会の民間航空分科委員会（運輸省航空局の官僚と在日米軍の航空管制担当の将校で構成）の第二〇回会合で、五九年七月一日を目標日として、米軍基地とその周辺空域を除いた、「飛行場管制業務」、「進入管制業務」（航空機が離陸後に上昇して航空路に合流するまでと、航空路から着陸に向かって降下する段階を管制する）、「航空路管制業務」（航空路に合流してから飛行を続け、目的地の飛行場への着陸コースに進入するまでを管制する）を日本側に移管すると合意された。日本側が各種の航空管制業務を担えるようになったと認められたのである。

一九五九年七月には、同年六月四日の日米合同委員会の「航空交通管制に関する合意」（「五九年合意」）にもとづき、米軍基地の飛行場管制業務とその周辺空域の進入管制業務を除いて、全国の航空管制業務が日本側に移管された。

本来なら、この一九五九年七月に航空管制は日本側に全面的に移管され、独立国にふさわしく空の主権が確立されるべきであった。しかし、「横田空域」や「岩国空域」のように、米軍が「進入管制業務」を継続して管理できる措置を、日米合同委員会の密室協議によって認めたのである。米軍は軍事優先の航空管制の既得権を手放したくなかったのである。

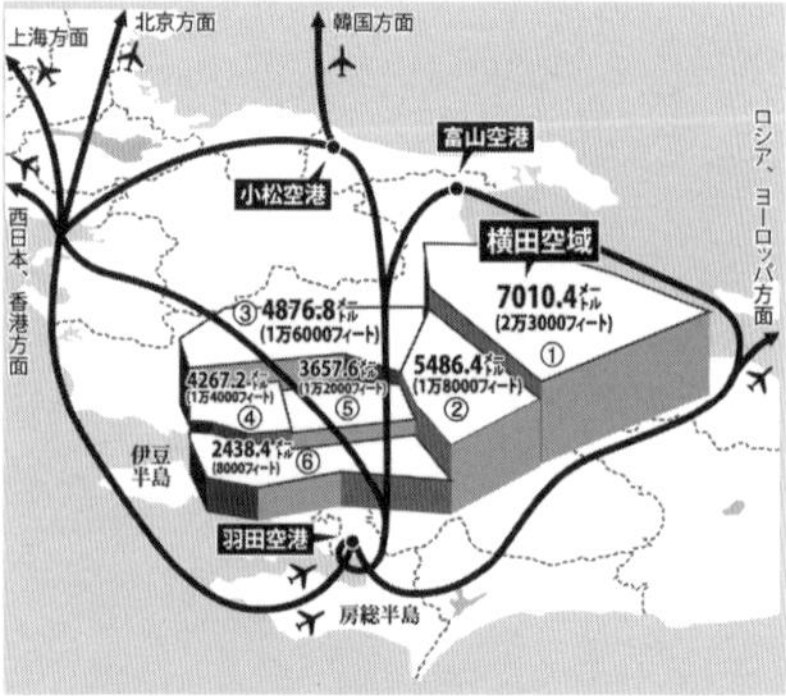

図7「横田空域」の略図（『週刊ポスト』2014年10月10日号をもとに作成／『「日米合同委員会」の研究』より）

日本の空の主権を米軍が制約・侵害している

「横田空域」は首都圏から関東・中部地方にかけて広大な地域の上空を覆う、米軍専用の軍事空域だ。東京、神奈川、埼玉、群馬、栃木、福島、新潟、長野、山梨、静岡の一都九県にまたがり、最高高度約七〇一〇メートルから、約五四八六、約四八七六、約四二六七、約三六五五、約二四三八メートルまで、地表から六段階の高度区分で立体状に設定されている。目には見えぬが、日本列島の真ん中をふさぐ巨大な「空の壁」である（図7）。

「横田空域」の航空管制は、東京西部の横田基地の米軍が握っている。そのため民間機の通過が制限されている。航空管制の指示に従って計器飛行する大多数の民間機は、空域内を通るには悪天候などの緊急時を除き、一便ごとに飛行計画書を米軍に提出し、許可を得なければならない。

しかし、許可されるかどうかは不確かである。だから、通常は定期便ルートを設定できない。羽田空港や成田空港に出入りする民間機で、「横田空域」内を通る定期便のルートは、ごく一部の特例として、空域の東端をかすめ都心上空を低空飛行する「羽田新ルート」を除いてはない。

そのため羽田空港を使う民間機は、離着陸コースや飛行ルートに大きな制約を受けている。急上昇して「横田空域」を飛び越えたり、迂回したりする非効率的な飛行を強いられる。発着便の混雑時には、迂回してきた着陸機が行列をなす空の大渋滞も起きる。飛行時間が長びき、ニアミスや衝突事故などのリスクも高まる。「横田空域」は民間機の安全で効率的な運航を阻害する軍事空域なのである。

「空の壁」で囲って民間機をほぼ締め出したその空域を、米軍はオスプレイやC130輸送機などの低空飛行訓練、パラシュート降下訓練、基地への大型輸送機の出入りなどに利用してい

写真6 横田基地の管制塔とその周辺施設

写真7 横田基地を離陸しようとする米軍の大型輸送機

写真8 訓練飛行をする米軍C130輸送機

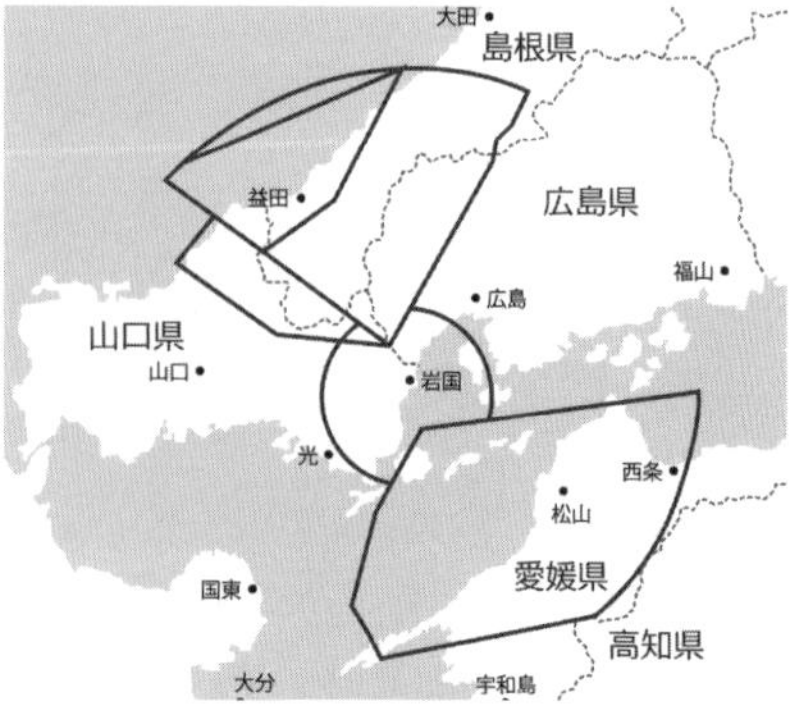

図8「岩国空域」の略図（国土交通省航空局の「電子航空路誌」をもとに作成／『「日米合同委員会」の研究』より）

る。基地周辺や訓練飛行ルート下の住民に対して、騒音被害と墜落や部品落下など事故の危険をもたらしている。

また、山口県東部にある岩国基地の米軍が広範囲に航空管制を握る軍事空域として「岩国空域」もある。山口、島根、広島、愛媛の四県にまたがる地域の上空を、地表から約七〇〇〇〜約四三〇〇〇メートルの階段状の高度区分で覆っている（図8）。

そのため、大分空港に着陸しようとする民間機が難しい飛行を強いられる高度制限を受けるなど、民間機の安全かつ効率的な運航が阻害されている。また「岩国空域」北部の広島県と島根県にまたがる上空では、米軍の戦闘攻撃機などが激しい低空飛行訓練をしている。地域住民に騒音被害と墜落や部品落下など事故の危険をもたらしている。

両空域は日本の空なのに、日本の航空管制が及ばず、管理できない。空の主権を米軍によって制限・侵害されているからだ。一種の「占領状態」といえる。

日米合同委員会の「航空管制委任密約」

このような外国軍隊によって広範囲に管理される空域は、世界的にも異例である。同じ第二次世界大戦の敗戦国で、米軍基地のあるドイツやイタリアにも存在しない。この独立国にあるまじき事態が、なぜ続いているのか。

本来、日本の航空管制は航空法にもとづき国土交通省の航空管制官が担当する。ただ航空法には、例外的に自衛隊基地の飛行場とその周辺の航空管制は自衛隊に委任できるとの規定がある。しかし、米軍に委任できるという規定は、航空法にはない。

では、なぜ米軍が「横田空域」や「岩国空域」を設定して航空管制をおこなっているのか。米軍の日本における権利など法的地位を定めた地位協定の条文にも、両空域に関する規定はない。その前身である行政協定の条文にもなかった。

文書画像14
『日米地位協定の考え方・増補版』の表紙

ところが、日米合同委員会の密室協議を通じて米軍に、「横田空域」や「岩国空域」での航空管制の特権を認めているのである。それは米軍に航空管制を法的根拠もなく事実上委任するという合意である。その存在は、一九八三年作成の外務省機密文書『日米地位協定の考え方・増補版』（『琉球新報』が独自に入手して報道）（文書画像14）で言及されている。

合意文書の名称は、一九七五年五月八日に日米合同委員会で承認された「航空交通管制に関する合意」（「七五年合意」）である。国内法である航空法に根拠となる規定はないが、米軍に基地とその周辺における航空管制を「事実上の問題として委任した」というものだ。日米安保のため民間用と軍事用の航空管制に関し、日米間の協調と整合を図るという地位協定第六条の趣旨にもとづくとされる。

しかし、「事実上」という言葉は、正式ではないが、実際におこなわれていることを黙認する場合に使われるものだ。つまり航空法にも、地位協定にも、明確に根拠となる規定はないが、米軍が既成事実としておこなっているので、特権として認めることを意味する。

日米合同委員会の議事録や合意文書は原則非公開とされているため、この合意文書も非公開のままである。一方、合意の要旨だけは公表されている。「航空交通管制（改正）」（一九七五年五月）といい、外務省ホームページに掲載されている。

この要旨には、基地とその周辺における米軍の航空管制を「認める」とだけ書かれている。「事実上」の「委任」という部分は抜け落ちている。つまり隠されており、密約と言うしかない。「航空管制委任密約」といえる。

前出の外務省機密文書『日米地位協定の考え方・増補版』には、日米合同委員会は「地位協定又は日本法令に抵触する合意を行うことはできない」と書かれている。したがって、日本法令である航空法上の法的根拠がない米軍による航空管制は、まさに日本法令に抵触しており、そもそも日米合同委員会で合意できるものではない。にもかかわらず、日本の高級官僚と在日米軍の高級軍人による密室協議で取り決めてしまっているのだ。

米軍の特権を維持させる密室の合意

さらに、本書の第一章で述べたように、一九五九年六月四日の日米合同委員会の「航空交通管制に関する合意」（「五九年合意」）の正式な文書名は、「航空交通管制に関する合意第三附属書」といい、「防空任務」や「あらかじめ計画された戦術的演習」に関わる米軍機に、日本政府の航空管制機関は「航空交通管制承認の最優先権を与える」こと、米軍の要求にもとづき日本側は「すべての航空機関に優先する空域制限（高度制限）を提供」することが合意されていた。

つまり米軍機優先の航空管制によって、民間機の通過を制限し米軍専用の訓練空域などを提供する「空域制限」すなわちアルトラブ（ALTRV）の特権を認めていたのである。民間機を締め出して米軍が軍事訓練・演習や空中給油や作戦出動などのために独占使用する軍事空域アルトラブには、固定型アルトラブと移動型アルトラブがある。

あらためて指摘するが、アルトラブの提供を日本側に事実上義務づけることで、米軍は占領時代からの日本の空の軍事利用の特権を維持したのである。米軍機優先の航空管制という、もく星号墜落の背後にあったとみられる問題は解消されぬまま、対日占領政策が別のかたちで継続されたといえる。

一九七五年五月八日の日米合同委員会の「航空交通管制に関する合意」（「七五年合意」）でも、前出の米軍機に対する航空交通管制承認に関し、「最優先権を与える」から「優先的取り扱いを与える」と文言を変えただけで、実態は変わらず、米軍の特権は維持されている。

松本清張も見抜いていた軍事空域の問題点

このように占領時代の延長のような、米軍による日本の空の我が物顔な利用実態、日本の空の主権が米軍によって制限・侵害されている問題について、松本清張は前出の『現代官僚論』中の「運輸官僚論」で言及している。

日本の空は、ひきつづき日本国のものではない。三四年〔一九五九年〕七月、日米講和条約（昭和二七年）よりおくれること七年、ようやく、〔航空〕管制本部が日本に移管され、形式的に日本の空となったかに思われるが、それには、日米行政協定の付属書によりまだ大きな制限が加えられている。なぜならば、航空機の管制は、非常に軍事的な色彩の濃いものであるからだ。

この「日米行政協定の付属書」とは、一九五九年六月四日の日米合同委員会の「航空交通管制に関する合意第三附属書」のことである。「日米行政協定の」と書かれているのは、日米合同委員会が行政協定にもとづく協議機関であることから来ている。

前述のように、同附属書は米軍に対し、「航空交通管制承認の最優先権」と「すべての航空機関に優先する空域制限〔アルトラブ〕の提供」を認めた秘密の合意文書である。非公開のこの「附属書」を、松本清張はどこかから入手して読んでいたのだろうか。

そうした米軍の特権は、一九六〇年の安保改定に伴う行政協定から地位協定への改称後も引き継がれたと、松本清張は指摘する。そして、米軍の軍事活動により日本の航空管制の現場がいかに制約を受けているか、運輸省航空局の航空管制官らも加盟する全運輸省労働組合編の冊子「空の交通安全の実態について」を引用して示す。

安保条約、地位協定、〔日米〕合同委員会の合意、自衛隊との覚書等により、私達の仕事は、非常な制約を受けており、事実しばしば、米軍、自衛隊の共同防空演習が大々的に行われ、この度毎にこの職員は、非常な負担を感じております。米軍への協力の事例は数多くありますが、その一つとして、航空機のタイプを無線でいわないように要求されております。

松本清張は日本の航空管制が制約を受ける「米軍への協力」の一例として、一九六四年一一月におこなわれた「ハーベスト・ラーン計画」という日米共同作戦演習でのできごとをあげている。

日本の空は、千何百機の軍用機におおわれ、航空管制はもっぱら、その軍用にあてられたため、民間の航空機は、レーダー飛行がおこなえず、有視界飛行にだけ頼るという状態だった。

また、ベトナム戦争に在日米軍基地から出動する米軍機優先の航空管制を強いられていた事例についても、こう記している。

ベトナムの戦局が険悪化するときは、きまって、横田基地から多数の米軍機がとびたっている、と日本人の管制官たちはのべている。ほとんどが夜間飛行で、そのため軍用機の飛ぶあいだは、路線が閉鎖され、民間機の飛行は極度に制限を受けている。

ベトナムへの飛行は、往路は台湾を経由し、帰路はグアム島を経由して帰ってきている。立川周辺の軍用基地に収容できないときは、羽田空港に降りてくる。現場の航務課の許可を取らず、勝手に降りてくるところは、占領時代そのままの状態であるという。

この「軍用機の飛ぶあいだは、路線が閉鎖され、民間機の飛行は極度に制限を受けている」状態は、まさに民間機を締め出す空域制限が設定され、米軍機が独占使用する軍事空域アルトラブが提供されていたからにちがいない。日米合同委員会の密約にもとづく米軍機優先の航空管制である。

さらに「横田空域」の東端部に設定されていた米軍機専用の航空路帯「ブルー14《フォーティーン》」が、首都圏の上空を東西に分断し、西側の広大な空域すなわち「横田空域」が、「米軍の軍用基地の独占となっている」弊害も指摘している。

そのような空域の「独占」は「米軍にとって、対ソ、対北朝鮮戦略のため、〔米軍機が〕日本列島を横断し、新潟、日本海に直進するコースとして重要」なのであると、軍事的観点からも説明している。

松本清張は、このように日本の空の主権が米軍によって制約・侵害されている実態を通して、〝別のかたちで継続された占領政策〟の問題点を鋭く浮き彫りにしていたのである。

三沢基地周辺でも拡大する米軍用空域

その問題点をあらためて認識させられる事実が、また最近も明らかになった。日本の空が新たに固定型アルトラブとして米軍に差し出され、しかも拡大していることが判明したのである。

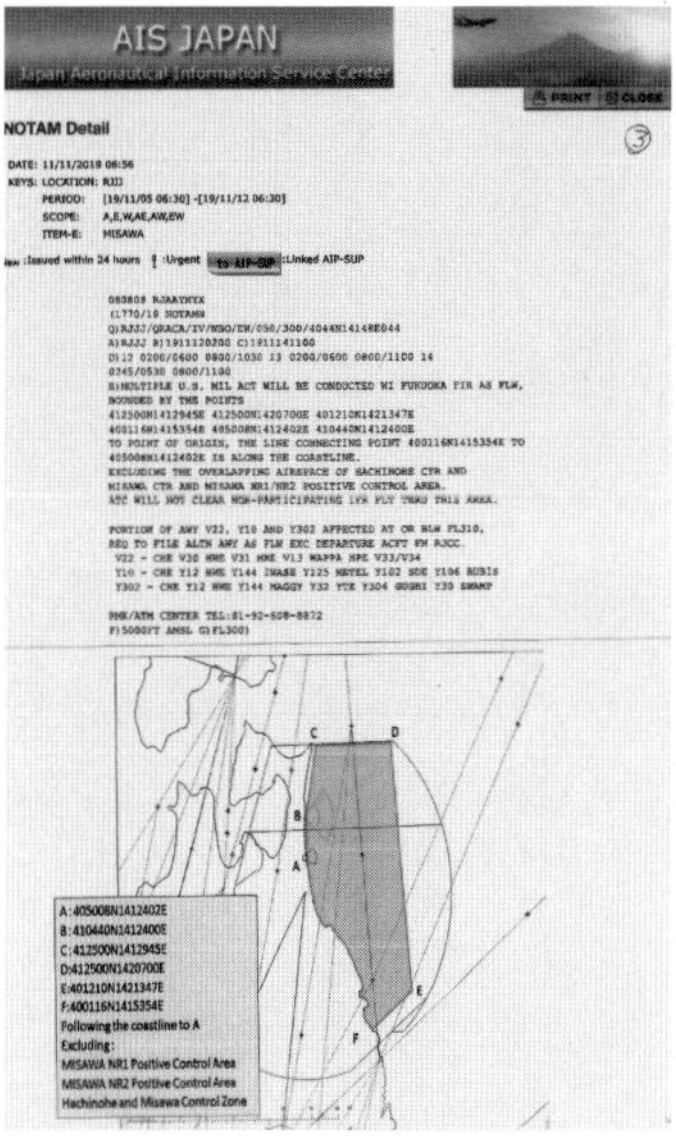

図9 三沢基地周辺のアルトラブ（米軍用の訓練空域）国土交通省ノータム掲載

在日米軍に詳しい消息筋からの情報によると、青森県の下北半島と陸奥湾の東半分、そして下北半島から岩手県の三陸海岸北部にかけての沿岸と沖合の上空に広く、米軍の訓練空域が設定されている（図9）。

三つに区分けされ、下限の高度

は共通の五〇〇〇フィート（約一五二四メートル）で、上限の高度はそれぞれ二四〇〇〇フィート（約七三一五メートル）・二七〇〇〇フィート（約八二三〇メートル）・三〇〇〇〇フィート（約九一四四メートル）と立体的に設定されている。主に米空軍三沢基地の第35戦闘航空団のF16戦闘機が使用している。

航空情報ノータムでもほぼ連日、民間機の通過制限が通知されている。やはり「米軍の複合的な軍事活動が実施される。その参加機以外の計器飛行の航空機による空域の通過は航空管制上の承認をされない」との説明はあるが、アルトラブとの明示はない。国土交通省航空局に聞くと、こう返答があった。

「米軍の運用に関わることなので、アルトラブかどうかについては答えられない。そこで米軍機が何をしているのかも関知していない。自衛隊機が使用する場合もあるが、自衛隊の臨時訓練空域として設定されているわけではない」

日本政府の通例どおり「米軍の運用に関わる」という理由で秘密にされているのだ。しかしアルトラブであることは、三沢基地の第35戦闘航空団が公表している英文資料「AIRFIELD OPERATIONS」（「飛行場運用」二〇一六年三月一六日付）からわかる。この訓練空域とほぼ重なる「GAICHO」という名称の空域図が載っており、アルトラブとの記述がある。

現在ノータムで表示されるこの訓練空域の範囲は、「GAICHO」よりも南北に拡大している。前出の消息筋によると、二〇一九年六月二〇日に「GAICHO」は廃止、グレードアップして範囲を拡大した。

拡大に伴い別の空域名が部外秘扱いでつけられたが、後に新空域名は「MAGNUM」と呼ばれていることが明らかになった。従来の「GAICHO」空域よりも、「北は青森県・尻屋崎付近から約二〇キロ、南は岩手県洋野町から同普代村に約四五キロ」それぞれ拡大し、面積にして「東京ドーム約四万六〇〇〇個分にあたる約二一六〇平方キロ」も広くなったという（『毎日新聞』二〇二〇年一〇月一八日朝刊）。

「『GAICHO』空域と異なるのは、以前は民間機が悪天候を避けるための通過を求めた場合、札幌航空交通管制部の管制官が米軍側に連絡して許可を得られたが、新訓練空域は緊急時以外はいっさい通過できなくなったことだ」と前出の消息筋は指摘する。

そのため、二〇一九年六月二〇日から北海道の新千歳空港の出発便ルートが大幅に変更された。東京方面へはいったん南西に進路をとって新訓練空域を避けた後、南東方向へ進路をもどす。仙台と花巻行きも同様である。関西・九州方面へも、新訓練空域を避けて大きく西に進路をとるルートに変わった。新千歳空港への到着便も西方にルートを変えられた。出発便（上昇）と到着便（降下）の経路を分け、ニアミス・衝突のリスクを減らすための措置である。いずれも遠回りを強いられる。

「以前は、エンジン性能や重量のため上昇率が悪い航空機も、米軍と調整すれば『GAICHO』空域をかすめて上昇していけた。しかし、それも認められなくなった。国土交通省は民間航空会社に、新千歳空港の増便への対応による経路変更と説明し、米軍の訓練空域との関係は伏せている。だが、実際は新訓練空域を避けるルートになっている」と、前出の消息筋は明かす。

またその消息筋によると、「GAICHO」のグレードアップと新千歳の新ルートの策定は、二〇一八年一一月頃から水面下で進んでいたという。それは、「横田空域」の東端部を民間機が通過して、都心上空を低空飛行する「羽田新ルート」を日本側が航空管制をする合意確定の時期と一致する。

「日本側が『横田空域』の一部を借りるための交換条件として、米軍の訓練空域の拡大を受け入れたのではないか」という。

戦後日本の裏面をえぐりだす「清張史観」

これに関連して、『毎日新聞』二〇二〇年一〇月一八日朝刊の記事「特権を問う：地位協定60年、横田合意後に三沢空域拡大、米軍と『貸し借り』羽田新ルートで、政府関係者」（松本惇、大場弘行）には、ある政府関係者が記者の取材に対し、「同時性はなく交換条件のような単純なものじゃない」と強調しつつ、「貸し借りのようなもの。互いの事情をおもんぱかって譲れるところを譲ってきたという歴史の中に入る」と説明したと書かれている。

アルトラブなど米軍の訓練空域の設定や、「横田空域」を通る「羽田新ルート」の航空管制に関し、日米合同委員会の民間航空分科委員会（国土交通省航空局の官僚と在日米軍の航空管制担当将校らで構成）で実務的な協議をして合意し、合同委員会本会議で承認するという仕組みになっている。すべて密室での取り決めである。その密室協議の過程で、上記のような「〔空域の〕貸し借りのようなもの」が、恒常的におこなわれてきたとみられる。

いずれにしても、日本の空の航空管制と空域管理を米軍の意向・同意抜きには決められない現実が、戦後七五年以上たっても続いている。まさに空の主権が米軍に制約・侵害されているのだ。

米軍機優先の航空管制のしわ寄せが民間機の運航に大きく及んでいる。日本の空が真に日本の空となりえない状況の背後に、米軍優位の日米安保・地位協定の不平等な構造と、その中心で密かに機能する〝日米合同委員会システム〟がある。

「日本の空は、ひきつづき日本国のものではない」という松本清張の言葉にあらためて注目したい。〝別のかたちで継続された占領政策〟、米軍の巨大な影がいまなお日本の空を覆っている。

日米の情報機関の緊密な連携も、米軍による日本の空の軍事利用と主権侵害も、〝別のかたちで継続された占領政策〟、アメリカの対日コントロールの継続の産物といえる。それは、密室協議を通じてアメリカ側の特権、利益を維持し確保する〝日米合同委員会システム〟と深く結びついている。

松本清張は昭和五〇年（一九七五年）という節目の年に、『文藝春秋』（一九七五年一月号）誌上で哲学者の鶴見俊輔と対談し、あらためてこう言い切っていた。

安保体制というのはアメリカ占領政策の継続です。〔日本の〕官僚政治家はその能率的な実践者であり、忠実な管理人ですね。――「対談　昭和史発掘」戦後篇「マッカーサーから田中角栄まで」

この実質的な「占領政策の継続」は、二一世紀の今日なおも続いている。日本政府はその「忠実な管理人」として対米追従の防衛（軍事）政策、米軍の特権を保障する地位協定の運用を実践し続けている。

〝別のかたちで継続された占領政策〟は、いまなお日本を呪縛している。このような戦後日本の裏面・深層をえぐりだす「清張史観」は、現在の私たちに、このままでいいのかと、大きな問いを投げかけている。

第五章

新型コロナと検疫と日米合同委員会の合意と米軍特権

新型コロナウイルスの検疫も米軍まかせ

これまで述べてきたように、日米合同委員会の密約によって、米軍が日本の空の主権を制約し侵害している現実がある。日米合同委員会はまた、日本の情報公開の主権と「知る権利」をも制約し侵害している。

このように米軍の特権を保障する密室の〝日米合同委員会システム〟。それは松本清張のいう〝別のかたちで継続された占領政策〟の一環である。はたして日本は真の独立国・主権国家といえるのか――。

そうあらためて考えさせられる事態が、新型コロナウイルスのパンデミックのさなかにも起きている。在日米軍内でも新型コロナウイルスの感染が相次いできたのに、日本政府は米軍関係者（軍人・軍属・それらの家族）の入国禁止措置をとれず、基地から入国する際の検疫も、感染防止策も米軍まかせで、まったく手出しできないのである。

米軍関係者は日米地位協定にもとづき、基地を通じて自由に出入国でき、日本の出入国管理に服さなくてもいいからだ。検疫も日米合同委員会の合意によって、基地から入国する場合は米軍が独自に実施できるようになっている。つまり日本側の規制の手が及ばないのである。

在日米軍内でも新型コロナウイルスの感染は後を絶たない。感染者数の累計を在日米軍は公表していないが、沖縄県が集計した在沖縄米軍基地での感染者数は、二〇二一年一〇月一九日の時点で、累計で二八〇七人である。在沖縄だけでもこの人数なので、在日米軍全体ではもっと大人数に上ることはまちがいない。

こうした在日米軍内の新型コロナウイルス感染拡大は、基地のある沖縄県、神奈川県、東京都、山口県、長崎県、青森県など各地の住民の間に不安と懸念をかきたてている。

米軍関係者は基地から外出もするし、基地外に居住する者もいる。自衛隊との日米共同訓練の際、基地外のホテルに集団で宿泊することもある。基地では多くの日本人従業員も働いている。ところが日本政府は、感染状況などの情報提供や基地における検疫・防疫の実施も、すべて米軍の手にゆだね、積極的に動こうとしない。

在日米軍はいまでこそホームページで基地ごとの感染者数を公表（週二回の頻度で更新）しているが、二〇二〇年七月下旬までは公表していなかった。アメリカ国防総省が二〇年三月三〇日に、「安全保障上、米軍の運用に影響を与えるおそれがある」との理由で、基地別・部隊別の感染状況を非公開とする方針を打ち出し、日本政府もそれを容認していたからだ。

日本政府は、在日米軍内の感染状況について必要な情報は、基地のある地域の保健所を通じて米軍側から得ているという。しかし、アメリカ国防総省の非公開方針を理由に、基地をかかえる自治体などからの要請があっても、情報を公表していなかった。

しかし、沖縄県をはじめ基地をかかえる自治体や各地の市民団体などから、在日米軍の新型コロナウイルス感染情報の公表を求める声が強まった。米軍基地のある一五都道府県の知事から成る渉外知事会も、日本政府に対して、感染情報の公表を米軍に求めるよう要請をした。日本政府も重い腰をあげて米軍側に働きかけざるをえなくなった。その結果、在日米軍ホームページでの感染者数公表につながったのである。

日本政府と在日米軍は二〇二〇年七月二九日、「在日米軍の新型コロナ感染対策に係る共同プレスリリース」を出して、在日米軍による次のような感染対策の実施を発表した。その概要は次のとおりである。

①在日米軍は新たな感染者が出た際には、感染拡大の防止のため感染者の行動履歴の追跡とPCR検査を実施してきている。

②基地のある地元保健当局との間で感染情報を共有してきている。情報共有を可能な限り迅速におこなうことに共に取り組んでいる。

③各基地で新規感染者が出ればそのつど公表し、在日米軍ホームページで基地ごとの現存感染者数リストを週二回の頻度で更新することにする。

④日本に入国するすべての在日米軍関係者に、一四日間の移動制限措置を義務づけ、制限解除前にはPCR検査を実施することにする。

米軍にとって日本の国境は存在しないも同然

こうした感染対策にもとづき必要な情報は公表されていると、日本政府は国会などで説明している。しかし、在日米軍の感染対策が上記の発表どおりに実行されているかどうか、またそれで対策は十分なのかどうか、日本側が確認・検証できる仕組みはない。結局は米軍まかせであることに変わりないのである。

根本的な問題として、米軍関係者の入国禁止や基地での日本国当局による検疫など、必要に応じた措置を日本側がとれない、米軍に対して規制をかけられないという、米軍優位の不平等な地位協定と日米合同委員会の合意の壁が存在している。

これでは、米軍基地からの感染拡大防止に必要な、感染経路や感染者の行動履歴、濃厚接触者などについての詳細な情報も、自治体や住民に行きわたらないだろう。

このような状態のままで、いったい日本政府は独立国の政府として公衆衛生の責務をはたせるのだろうか。憲法第二五条には、「国は、すべての生活部面について、社会福祉、社会保障及び公衆衛生の向上及び増進に努めなければならない」と明記されているのである。

そもそも下記のように、地位協定第九条（軍隊構成員等の出入国）により、米軍人は身分証明書を、軍属や米軍人・軍属の家族はパスポートを所持したうえで、米軍基地を通じてなら自由に出入国できる。こうした米軍関係者は日本の出入国管理や外国人登録管理から免れているのである。

> 合衆国軍隊の構成員は、旅券及び査証に関する日本国の法令の適用から除外される。合衆国軍隊の構成員及び軍属並びにそれらの家族は、外国人の登録及び管理に関する日本国の法令の適用から除外される。

だから、新型コロナウイルスの流行に伴う外国人への入国規制の網にはかからないのである。基地を通じて入国し、基地のゲートから日本の街に出られる。茂木敏充外相も国会答弁で、米軍関係者は「上陸拒否措置の対象ではない」と答弁している（二〇二〇年五月一三日、衆議院外務委員会）。

これでは新型コロナウイルス防止のための、いわゆる水際対策を米軍関係者に対してはとりようがない。米軍にとって日本の国境は存在しないも同然である。なお、米軍関係者が基地外の日本の空港や港を通じて出入国する場合は、日本の出入国手続きに従うことになる。

地位協定の付属文書として日米両政府が合意した「地位協定についての合意された議事録」（一九六〇年一月一九日付）では、日本政府は在日米軍から「両政府間で合意される手続に従って、入国者及び出国者の数及び種別につき定期的に通報を受ける」と定めている。

これにもとづき、在日米軍は定期的（国会会議録などによると三ヵ月に一回）に軍人・軍属・それらの家族の出入国者数を日本政府に通報することになっている。だが、出入国者の総数と種別以上の詳しい情報は知らされない。通報は一定の期間を設けた定期的なものであり、毎日の通報ではない。日本政府は日本にいる米軍関係者の人数をリアルタイムで把握できていないのである。

日本政府はこの定期的に通報を受ける米軍関係者の人数を、アメリカ側の同意が得られないとして公表していない。国会でも川内博史衆院議員（立憲民主党）からの公表を求める質問に対して、「米側としても、やはり公表することは適切ではないとの立場に変わりはないということだった」と、外務省の船越健裕官房参事官が答弁している（二〇一八年三月二日、衆議院財務金融委員会）。日本政府はこの程度のことさえ、いちいちアメリカ側におうかがいを立てては、先方の意向に従ってばかりなのである。

検疫に関する日米合同委員会の合意

検疫に関しては、地位協定に明文の規定はなく、日米合同委員会の「人、動物及び植物の検疫に関する合意」（一九九六年一二月二日）で処理されている。外務省ホームページに載っている同合意の「人の検疫」には、こう記されている。米軍基地からの入国の場合は、米軍が検疫を実施すると定めたものだ。

> 合衆国に提供された施設及び区域から日本国に入国する合衆国の船舶又は航空機は、乗船者又は搭乗者の国籍又は地位にかかわらず合衆国軍隊の実施する検疫手続の適用を受ける。

このように米軍基地から入国する船舶の乗船者や航空機の搭乗者に対しては、国籍を問わず米軍の医官が必要に応じて検疫を実施することになっている。「合衆国の船舶又は航空機」とは、アメリカ政府所有の米軍などの船舶や航空機、アメリカ政府との契約を通じて用いられる民間の船舶や航空機を指す。以下、合意内容を要約すると、次のようにまとめられる。

①米軍は検疫官に任命された者の氏名と階級と所属を、基地のある地域を所轄する日本の検疫所に通報する。
②米軍の医官は必要に応じて検疫措置をおこなう。
③感染症（伝染病）の患者やその死体、ペストに感染もしくは感染のおそれのあるネズミ族を発見したら、ただちに基地のある地域を所轄する日本の検疫所に通報する。
④米軍の検疫官は、米軍基地から入国する船舶や航空機を介して感染症が日本に持ち込まれるおそれがないか、またはほとんどないと認めたときは、あらかじめ所轄の日本の検疫所長が署名して委託した検疫済証または仮検疫済証に所要事項を記入し、担当検疫官の欄に署名のうえ、船長や機長に交付する。

また、基地外の日本の港や飛行場に米軍などの船舶や航空機が着いたときは、日本国の当局による検疫を受けると定められている。ただし、船舶や航空機に同乗している医官が、「伝染病が持ち込まれるおそれがない旨の証明証を提出したときは、検疫済証の交付を受けることができる」という、いわば抜け道も用意されている。

基地外の日本の港や飛行場において、米軍などの船舶や航空機は「検疫の検査及び許可において優先的な取り扱いを受ける」という、米軍に有利な合意内容となっている。

さらに、民間の船舶や航空機で基地外の日本の港や飛行場から入国する米軍関係者が、米軍の命令によって移動中の場合、日本の検疫当局による許可において優先的取り扱いを受けられるとも定めている。

独立国としての検疫体制に底無しの穴があいている

そして、検疫の結果、基地から入国した米軍などの船舶や航空機の中で、また基地内で、あるいは基地外から入国した米軍などの船舶や航空機の中で、感染症（伝染病）患者が見つかり、防疫措置が必要となった場合に備えて、やはり日米合同委員会で「在日米軍と日本国の衛生当局間における情報交換について」（二〇一三年一月二四日）が合意され、次のように取り決めている。

米軍基地の病院や動物診療所の指揮官と基地のある地域の日本の保健所長は、相互に通報することとし、基地とその周辺にわたる「広範な防疫措置が必要となった場合」には、「相互に緊密に協力し、必要な措置」をとる。

しかし問題は、検疫や防疫の実施にしても、感染状況の情報交換にしても、すべては米軍まかせで、日本側は直接関与できず、正確な実態の把握も検証もできない点である。検疫が実行されたのかどうか、されたとして、どのような基準と方法によるのかもチェックできない。

日本政府は、必要な情報は基地のある地域の保健所を通じて米軍から得ているというが、詳細については公表しない。日米合同委員会で合意した相互の緊密な協力と必要な措置が、どう実行されているのかも明らかにされない。つまり、日米合同委員会の合意が十分に守られているのかどうか定かではなく、チェックできないのである。

そもそも、基地から入国する場合、米軍関係者は日本側の検疫を受けなくていいこと自体が、独立国としての検疫体制に底無しの穴があいていることを意味する。米軍基地という大きな裏口があるようなものだ。

本来、地位協定に検疫に関する明文規定がないのであれば、当然、日本の検疫や保健衛生に関する法令を米軍関係者にも適用し、基地内でも基地外でも日本側が独立国らしく全面的に検疫をすべきなのである。

多くの米軍基地をかかえる沖縄県は、日本政府への「日米地位協定の見直しに関する要請」(二〇一七年)において、米軍に対する検疫についても「国内法を適用する旨を明記する」よう、こう求めている。

海外からの伝染病の侵入に対する基地周辺地域の住民の不安を払拭するためには、人、動物及び植物に対する検疫並びに人の保健衛生に関する国内法を適用し、米軍に対しても日本国当局による検疫を実施する必要がある。

ドイツにとっての地位協定にあたる「ボン補足協定」(米軍などNATO諸国軍の法的地位を定めた)では、検疫について第五四条に次のように明記され、米軍に対してもドイツの法令と手続きが適用されると定めている。

人間、動物及び植物の伝染病の予防及び駆除並びに植物害虫の繁殖予防及び駆除に関しては、本項に別段の規定がない限り、ドイツの法令及び手続きが軍隊及び軍属に対しても適用される。

米軍特権のルーツは日本占領時代にある

地位協定には検疫に関する規定がないのに、日米合同委員会の密室協議の合意で米軍独自の検疫を認めている。それは米軍の特権を認めていることにほかならない。一九六〇年の安保改定に伴う地位協定への改称前、行政協定下でも同様だった。

そして、その特権のルーツは米軍による日本占領時代にさかのぼる。占領軍である米軍の軍人・軍属・それらの家族は、日本政府による出入国管理や検疫や税関検査を受けることなく、自由に日本に出入りしていたのだ。

一九四五年八月の第二次世界大戦の敗戦で、日本はアメリカなど連合国に占領され、外国人に対する出入国管理の権限を失った。出入国管理は基本的にGHQ（連合国最高司令官総司令部）の権限とされた。

GHQのトップはマッカーサー連合国最高司令官である。占領軍の主力は米軍で、実質的には米軍が占領を担った。米軍は全国各地で日本軍の基地などを次々と接収し、多くの基地をかまえた。

占領時代、日本政府の国家統治の権限は、連合国最高司令官の従属下（日本政府は「制限の下」

と翻訳）におかれた。政府は同司令官の発する「布告、命令及び指示」（以下、「命令」と総称）を遵守し、実施しなければならなかった。それは、日本が「ポツダム宣言」を受諾して降伏し、連合国との間に調印した「降伏文書」（一九四五年九月二日）の規定にもとづくものだ。

連合国最高司令官の日本政府に対する「命令」は、「指令」「覚書」「書簡」などの形式で次々と発せられた。それらは軍事、政治、治安、経済、司法、社会、文化、報道、教育、宗教など多方面にわたり、占領軍の基地使用と物資・労務・土地などの調達、治安維持、日本の非軍事化と民主化など、占領政策の円滑な遂行に活用された。

以下、それら「命令」の具体的内容については、『日本管理法令研究（全三五号）』（日本管理法令研究会編著　有斐閣　一九四六年〜五三年）から引用または要約する。

一連の連合国最高司令官の「命令」のなかに、出入国や検疫に関するものもあった。一九四六年四月二日の「外国人の日本入国と登録に関する覚書」では、占領軍に所属しない外国人の入国をGHQが許可した場合、その氏名を日本政府に通報し、日本政府は外国人の登録と身分証明書の交付をすると定めた。

その後、出入国管理の業務を少しずつ日本側に移す措置がとられた。一九四九年六月二二日に「入国者係官設置に関する覚書」が出され、「公用命令によって旅行する占領軍職員」を除き、外国人に対する出入国管理を、日本政府が担うことになり、GHQが入国港に指定する各港の税関支所に、入国者管理官を配置するよう命じられた。

を日本政府はそれを実施するため、一九四九年八月一〇日、「出入国の管理に関する政令」を制定した。その第一条は次のとおりだ。GHQの指示どおり、米軍など占領軍の軍人・軍属・それらの家族の出入国については適用除外で、日本政府の管理は及ばないのがわかる。

この政令は、連合国最高司令官の許可を得て本邦に入国し、又は本邦から出国するすべての人（公務のため出入国する占領軍の軍人及び軍属並びにこれらの家族を除く）の出入国の管理、不法入国の取締及び不法入国者等の送還に関する関係行政機関の事務の連絡調整並びにこれらの実施に必要な行政機関及び職員について規定する。

なお、日本政府は連合国最高司令官の「命令」に応じるため、一九四五年九月二〇日に緊急勅令「『ポツダム宣言』の受諾に伴い発する命令に関する件」を制定していた。その条文は次のとおりだ。

政府は『ポツダム宣言』の受諾に伴い、連合国最高司令官の為す要求に係る事項を実施する為、特に必要ある場合に於いては命令を以て所要の定めを為し、及び必要なる罰則を設くることを得る。

つまり、日本政府は降伏し、「ポツダム宣言」を履行する義務があるので、連合国最高司令官の「命令」に従わなければならない。その「命令」の内容を実施するため、必要に応じて国内法上の措置をとることになったのである。
これにもとづき、当初は大日本帝国憲法による勅令・閣令・省令といった形式で、「所要の定め」すなわち法的な措置をとった。一九四七年五月の日本国憲法施行後は、政令という形式に変わった。上記の政令もこうした措置のひとつである。

占領の延長線上にある米軍特権

一九五〇年二月二〇日、連合国最高司令官の「命令」である「税関、入国及び検疫に関する覚書」が出され、出入国管理、税関、検疫について、その責任を日本政府に負わせると定めた。ただし、下記の規定にあるように、米軍をはじめ占領軍の要員・貨物・船舶・航空機は適用除外で、日本側の管理権は及ばず、検疫も実施できなかった。

日本政府は、日本国に出入する占領軍要員、貨物、海上船舶及び航空機を除き、一切の個人、貨物、海上船舶及び航空機の日本出入に伴う税関、入国及び検疫に対する責任をとらねばならない。

一九五一年九月八日、対日講和条約（サンフランシスコ講和条約）が結ばれ、日本は主権・独立を回復することが決まった。同時に日米安保条約も結ばれ、翌年二月二八日には日米行政協定（現地位協定）も結ばれた。米軍は占領軍から駐留軍へと国際法上の地位を変えるが、基地の使用は継続し、軍事活動の自由も実質的にこれまでどおり保障されることになった。

対日講和条約と安保条約と行政協定は、一九五二年四月二八日に発効するが、それに備えた措置として、一九五一年一〇月二二日、連合国最高司令官の「命令」である「税関、入国及び検疫の実施に関する覚書」が出された。


一九五一年一一月一日以降、日本政府は、連合国軍の行動以外に関係する次の税関、入国及び検疫実施に対する全面的責任を取らねばならない。


これは来る日本の主権回復に備えて、日本政府は出入国管理、税関、検疫の実施を全面的に担わなければならないと強調したうえで、責任をもっておこなうべき具体的な事項を指示したものだ。だが、やはり米軍など連合国軍は適用除外とされている。占領の終結以後も視野に入れた布石とも考えられる覚書である。

そして一九五二年四月二八日に発効した行政協定第九条では、現行の地位協定と同様に、米軍人は日本の旅券と査証（出入国管理）と外国人登録・管理に関する法令の適用除外、米軍属と軍人・軍属の家族は日本の外国人登録・管理に関する法令の適用除外と定められた。なお、米軍属と軍人・軍属の家族には、旅券と査証の法令は適用されるが、米軍基地を通じて出入国する場合は、日本側の直接の管理は及ばない。

米軍は占領が終わっても、占領時代と同じように、アメリカから在日米軍基地にやって来て、またアメリカに帰ろうとも、どこか別の国に移動しようとも、まったく出入り自由に、日本の国境など何の関係もなく行動する特権を維持したのである。

日本の法令の適用除外という特権

ただ、検疫に関しては行政協定でも明文の規定はなかった。そこで、行政協定の発効直後の一九五二年五月二三日、日米合同委員会で「米軍の構成員、軍属、家族の出入国に関する合意」を交わし、「人の検疫」については次のように取り決めた。

日米行政協定の本文中に直接検疫の取扱についての明文がないが、外国軍用艦船等に関する検疫法特例（昭和二七年法律第二〇一号）の範囲内において、次の措置を実施することに同意している。

（イ）合衆国軍に提供している区域に入航する合衆国軍の船舶又は航空機の検疫については、その区域に在勤する検疫担当軍医の申告に基づき、最寄の検疫所長が検疫済証又は仮検疫済証を交付している。

なお、検疫伝染病が存在する場合は、日本の法律を尊重して合衆国軍の検疫担当軍医が所要の措置を行ない、これらすべてについての通報を最寄の検疫所に行なうこととしている。

（ロ）合衆国軍に提供していない港又は飛行場に入航する合衆国軍の船舶又は航空機の検

疫については、すべて日本の検疫所が実施している。

すなわち、基地から入国する米軍関係者には、米軍の軍医が検疫を実施、伝染病（感染症）の患者が発見されたら日本の検疫所に通報、基地外の日本の港や飛行場から入国する場合は、日本側が検疫を実施すると定めた。

このような検疫に関する日米合同委員会合意の基本的な枠組みは、一九六一年八月の改正合意を経て、現行の「人、動物及び植物の検疫に関する合意」（九六年一二月二日）まで続くものだ。

出入国にしろ、検疫にしろ、米軍は地位協定と日米合同委員会合意のもとで、日本の法令の適用除外（検疫の場合は事実上の適用除外）という特権を、占領時代に引き続いて保持している。

前出の連合国最高司令官の「命令」である「入国者係官設置に関する覚書」、日本政府の「出入国の管理に関する政令」、連合国最高司令官の「命令」である「税関、入国及び検疫に関する覚書」と「税関、入国及び検疫の実施に関する覚書」、行政協定（現地位協定）第九条、日米合同委員会の「米軍の構成員、家族、軍属の出入国に関する合意」や「人、動物及び植物の検疫に関する合意」は、一直線につながっているのである。

まさに占領の延長線上の米軍特権にほかならない。

米軍機には日本側の管轄権は及ばない

このような米軍特権のあり方は、もちろん出入国や検疫の分野に限られるわけではない。米軍優位の地位協定と日米合同委員会の密室の合意システムのもと、米軍が享受しているさまざまな特権は、本質的に占領の延長線上にあるといっていい。

たとえば、航空法で定められた最低安全高度などを無視して、低空飛行訓練などを続ける米軍機を、事実上野放しにするなど特権を認めた、地位協定（旧行政協定）の実施に伴う航空法特例法も、占領時代にルーツがある。

占領時代、米軍機は自由に日本の空を飛び交っていた。もちろん米軍機にとって国境はなきに等しく、自由に日本に出入りしていた。前述したように、出入国管理や税関の責任がＧＨＱから日本側に段階的に移されていっても、占領軍の要員・貨物・船舶・航空機はずっと適用除外の扱いを受けていた。

航空機関連の連合国最高司令官の命令として注目すべきは、一九五二年三月一〇日の「航空機の日本入国・退去・通過及び飛行の取締緩和に関する覚書」である。

この覚書は、それまでＧＨＱが管轄していた外国航空機の日本への入国、日本からの退去、日本通過、日本国内飛行に関して取り締まりの権限を、一定の条件のもとに日本政府に移管するものだ。一定の条件とは、要するに米軍機などへの適用は除外するということで、次のように規定していた。

合衆国軍、英連邦在朝鮮部隊、英連邦占領軍または国連軍に所属あるいは勤務する航空機以外の航空機は、日本政府の許可ない限り、日本入国及び退去、日本国通過及び飛行することは許されない。

このように米軍機やイギリス連邦軍機などには日本側の管轄権は及ばないとしたうえで、それ以外の外国航空機は、「入国、退去、通過、飛行の許可申請」を、「飛行予定日の少なくとも一〇日前に、関係外交機関を通じて日本政府に提出」しなければならないと定めている。同覚書が出された一九五二年三月一〇日という日付を見ればわかるように、同年四月二八日の対日講和条約の発効による占領の終結に備えた措置であろう。

これを受けて日本政府は、一九五二年三月三一日、「航空機の出入国等に関する政令」を制定した。前出の緊急勅令「ポツダム宣言の受諾に伴い発する命令に関する件」にもとづくものである。

同政令は、日本入国、日本退去、日本通過、日本国内飛行をする外国航空機は、「連合国占領軍の用に供する航空機」と「定期航空運送事業の用に供する航空機」を除いて、「航空庁長官の許可を受けなければならない」と定めた。

やはり占領軍としての米軍機やイギリス連邦軍機などは適用除外なのである。また、航空会社の運航する定期便もいちいち航空庁（後の運輸省航空局）長官の許可を受ける必要はないとしている。ただし、それら以外の外国航空機は日本側の許可が必要とされた。

そして、同政令には付則があり、「この政令は、日本国との平和条約の最初の効力発生の日に効力を失う」と書かれている。「日本国との平和条約」すなわち対日講和条約が発効して占領が終わる、一九五二年四月二八日には失効するというわけだ。

では、その後はどうなるのかというと、当時開かれていた第一三通常国会で、日本の航空全般を律する航空法が制定され、一九五二年七月一五日に公布・施行されるので、外国航空機の日本への入国、日本からの退去、日本通過、日本国内飛行に関する許可など取り締まりの規定も、同法に含まれたのだった。航空法の第一二六条第二項（外国航空機の航行の許可）、第一二七条（外国航空機の国内使用）などがそれに該当する。

米軍機を特別扱いする航空法特例法

そして、航空法と同時に航空法特例法が制定され、米軍機と国連軍機に対しては航空法の第一二六条第二項、第一二七条などは適用除外とされたのである。だから米軍機は日本国内の飛行に際し、日本政府の許可は要らない。

前出の「航空機の日本入国・退去・通過及び飛行の取締緩和に関する覚書」と「航空機の出入国等に関する政令」で、米軍機は日本政府による許可など取り締まりの適用除外にされていたのと同じ扱いのままとされたのだ。それは占領時代の特権が維持されたことを意味する。

航空法特例法で米軍機と国連軍機に対し適用除外になった航空法第一三一条（証明書等の承認）は、外国航空機が日本で航行（飛行）する場合、「耐空証明書」や「騒音基準適合証明書」

や「航空従事者技能証明書」の承認を受けなければならないと定めている。

しかし、そもそも米軍機は日本国内での飛行に日本政府の許可は不要という特例扱いなので、これらの証明書が必要とされる外国航空機にはあてはまらず、適用除外というわけなのである。航空法特例法ではさらに、最低安全高度・飛行禁止区域の遵守・夜間飛行の灯火義務・曲技飛行の禁止・編隊飛行の禁止・粗暴操縦の禁止など多くの規定を、米軍には適用除外としている。

占領時代の連合国最高司令官の命令として、外国航空機の日本入国、日本退去、日本通過、日本国内飛行に関する管轄権を日本政府に移管しても、米軍機などへの適用は除外した「航空機の日本入国・退去・通過及び飛行の取締緩和に関する覚書」。

それを受けて、米軍機への適用除外を定めた日本政府の「航空機の出入国等に関する政令」。

講和条約発効で占領が終わったのちも、米軍機への適用除外という特別扱いを認めるための航空法特例法。

これらはやはり一直線上に並んで、米軍の特権を保障する法的措置となっている。

一九五二年二月二八日の日米行政協定の調印直後の三月四日に、日米合同委員会の前身である予備作業班が設置された。その民間航空分科委員会では、「行政協定の実施に備えて航空法からの特例を設けるための法案」すなわち航空法特例法の法案について、日米間で協議がおこなわれた。協議は、四月二八日に安保条約・行政協定が発効して日米合同委員会に移行したあとも、繰り返された。

その密室での協議で、アメリカ側委員の米空軍将校たちから、米軍機と国連軍機に対する、前述の占領時代の「覚書」や「政令」の規定と同じ扱いを要求され、結局、日本側の航空庁官僚らも同意し、「合同委員会で合意した細目」となって、航空法特例法案に一連の米軍に有利な適用除外、特例扱いの規定が盛り込まれたのではないだろうか。

米軍用地のためにも特別措置法で特権を確保

また、米軍基地のための土地すなわち軍用地に関する特権も占領時代に発している。それは、前出の連合国最高司令官の発した各種の「命令」のひとつ、「指令第二号」（一九四五年九月三日）である。その第四部「資源」の項は日本政府に対して、占領軍が使用するための一切の「資源」（物的資源、人的資源）の提供を、こう命じている。

日本帝国政府は連合国最高司令官の委任を受けたる代表者又は各自の区域に於ける占領軍指揮官の指示する所に従い、連合国占領軍の使用の為必要なる一切の地方的資源を連合国占領軍の処分に委《まか》すべし。

占領軍用の土地や物資や労務の調達、基地の工事などの業務を管轄していた政府機関、調達庁（一九五二年までは特別調達庁）が編纂・発行した『占領軍調達史』（五六年）によると、この「指令」が根本的な法的根拠となり、日本側は土地、建物、飛行場、物資、労務など占領軍が要求する「資源」を提供しなければならなくなった。

「指令第二号」にもとづき一九四五年九月二五日、連合国最高司令官の「命令」として「日本に於ける物資調達に関する覚書」が出され、土地・建物・物資などに関して占領軍の調達要求は、「調達要求書」（ＰＤ）によっておこなうと定められた。

国有地と国有財産の建物の提供は「調達要求書」に応じて無償でなされた。しかし、それだけでは不十分なため、「調達要求書」にもとづき、日本政府が民間の土地・建物などの所有者と賃貸借や売買の契約を結んだうえで提供する方式がとられた（前掲書）。

さらに、土地所有者との契約ができないケースを想定して、日本政府は必要な土地・建物を強制的に使用し、所有者に補償金を支払う際の措置として、一九四五年一一月一七日に勅令「土地工作物使用令」を制定した。

一九五二年四月二八日の対日講和条約の発効後は、占領時代の「指令第二号」、「日本に於ける物資調達に関する覚書」、「土地工作物使用令」は効力を失う。だが、米軍は占領軍から安保条約にもとづく駐留軍に国際法上の地位を変えたうえで、基地使用を続ける必要があった。基地の拡張や新設のための土地収用の仕組みも整えなければならない。

そのため、行政協定の第二五条に、日本政府はアメリカ政府に負担をかけずに、基地を提供し、土地の所有者や提供者に対し補償をするという規定が盛り込まれた。

国有地を引き続き無償で提供する法的措置として、行政協定（現地位協定）の実施に伴う国有財産管理法が制定された。

民有地はやはり日本政府が所有者と賃貸借や売買の契約を結んで、米軍に提供することになった。ただし、「調達要求書」はもう使えないので、日米合同委員会を通じて米軍側が要求し、協議・合意したうえでの提供方式がとられた。

さらに、占領時代の「土地工作物使用令」に代わる法的措置として、行政協定（現地位協定）の実施に伴う土地等使用特別措置法（駐留軍用地特措法や米軍用地特措法ともいう）が制定された。同特別措置法により、その土地を米軍基地にすることが「適正かつ合理的」であると総理大臣が認めた場合、一定の手続きをへて強制的に土地を使用・収用できる仕組みがつくられた。

前出の連合国最高司令官の「命令」である「指令第二号」と「日本に於ける物資調達に関する覚書」、日本政府の政令「土地工作物使用令」、行政協定第二五条、行政協定の実施に伴う国有財産管理法と土地等使用特別措置法は、やはり一直線につながって占領期と占領後を結んでいる。米軍用地に関する占領時代の特権の既成事実を継承し、基地の拡張や国有地・民有地利用にも備えた法的措置がとられたのだ。

占領管理法体系から安保法体系へ

占領時代に、「ポツダム宣言」と「降伏文書」にもとづいて、連合国最高司令官が日本政府に発した一連の「命令」と、日本政府がそれらに対応して定めた一連の勅令や政令などを合わせて、「占領管理法体系」（「占領法体系」や「管理法体系」ともいう）と総称する（『資料・戦後二十年史3』（末川博編　日本評論社　一九六六年など）。

そのなかに、前述の出入国や検疫、米軍機の飛行、軍用地に関してなど、米軍の円滑な基地使用と軍事活動の特権を保障するものがあった。しかし占領が終われば、「占領管理法体系」は効力を失う。

そこで、円滑な基地使用と軍事活動の特権を引き続き確保するための法的措置が必要となる。それが「安保法体系」である。上位から下位へ、安保条約――行政協定（現地位協定）――安保特例法・特別法と連なっている。

前出の航空法特例法、国有財産管理法、土地等使用特別措置法は、この安保特例法・特別法（計一七）に含まれる。ほかにも、保安技術基準や乗車定員や積載量の遵守・整備工場への立ち入り検査などを米軍には適用除外とする道路運送法等特例法、米軍の公用品や軍人用販売機関による輸入品などの関税を免除する関税法等臨時特例法、米軍の軍事機密の探知や基地への許可なしの立ち入りなどを禁じた刑事特別法などがある。

安保特例法・特別法の制定は、下記のとおり行政協定第二七条（地位協定では第二六条）にもとづいている。要するに米軍に特権を認めて便宜をはかるためである。

この協定の各当事者は、この協定の規定中その実施のため予算上及び立法上の措置を必要とするものについて、必要なその措置を立法機関に求めることを約束する。

安保特例法・特別法は、一九五二年四月の占領終結と主権回復をはさんだ、五一年一二月一〇日～五二年七月三一日の第一三通常国会で制定された。各法案の準備作業などで重要な役割をはたしたのが、日米合同委員会である。

同委員会の日本側初代代表、伊関佑二郎外務省国際協力局長（当時）は、日米合同委員会の任務のひとつとして、行政協定の実施に伴う「国内立法措置の緊急処理」をあげ、「合同委員会で合意した細目にもとずいて政府が提出し、今国会において制定された」行政協定の実施に伴う法律として、一七の法律名を記している（「日米行政協定にもとずく合同委員会の交渉経過の概要」伊関佑二郎著／『財政経済弘報』一九五二年八月一一日号）。この「合同委員会で合意した細目」こそが、米軍の特権に関わるものである。

米軍の特権を認めて憲法体系を侵蝕する安保法体系

「安保法体系」に対して、憲法——一般の法律——命令（政令など）の連なりを「憲法体系」という。その二つが戦後日本において矛盾・対立してきたとする憲法学の理論がある。「二つの法体系論」である。憲法学者で名古屋大学法学部教授だった長谷川正安氏が提唱した。

その著書『憲法現代史』（日本評論社　一九八一年）などによると、「安保法体系」は米軍の特権、事実上の治外法権を保障し、出入国管理権、関税自主権、刑事裁判管轄権など国家主権に制限を加え、憲法による「法の下の平等」（第一四条）を侵害している。

「安保法体系」により米軍は、「憲法体系」に制約されない基地運営や軍事活動の自由という特権を得ている。たとえば「憲法体系」に連なる航空法のさまざまな規定が、「安保法体系」

に連なる航空法特例法で米軍に対しては適用除外とされ、最低安全高度以下の低空飛行訓練なども可能となっている。

米軍に対して「憲法体系」にもとづく規制が及ばない状態ができてしまったのである。「安保法体系」により「憲法体系」が侵蝕され、空洞化されているというしかない。

このような軍事優先の「安保法体系」は、平和主義と国民主権にもとづく「憲法体系」と矛盾する。「戦争の放棄・戦力の不保持・交戦権の否認」（第九条）という平和主義を基本原理とする日本国憲法は本来、安保条約のような軍事同盟を想定して制定されたものではなかったのである。

「憲法体系と安保法休系とは、全面的にあい容れない二つの法体系である」と、長谷川氏も著書のなかで強調している（『昭和憲法史』岩波書店　一九六一年）。

「安保法体系」の本質は「占領管理法体系」の引き継ぎである。占領の延長線上の米軍特権を維持し、また必要に応じて新たな特権を確保するためのシステムだ。やはり松本清張のいう〝別のかたちで継続された占領政策〟の一環といえる。

そのシステムの中枢に位置するのが、日米合同委員会である。前述のように、航空法特例法など米軍の特権を保障する安保特例法・特別法の法案づくりに、日米合同委員会は関与した。「占領管理法体系」から「安保法体系」へと橋わたしする役割をはたしたのである。

そして、「安保法体系」の構造をより強固なものとするために、日米合同委員会の密室協議による数々の合意が結ばれ、米軍の特権を強固なものにしている。

その結果、たとえば新型コロナウイルスの問題でも、前出の日米合同委員会の「人、動物及び植物の検疫に関する合意」により、米軍に対して日本側の検疫が及ばず、憲法第二五条が保障する公衆衛生が阻害されている。つまり日本の公衆衛生の主権が侵害されているのである。

第六章

日本の法令に反してまで米軍の特権を認める日米合同委員会

日本の法令に反して米軍の特権を密約で認める

日米合同委員会の密室協議から生みだされる密約群の全貌は定かではない。だが、「密約体系」と呼べるほどの規模になっていることだろう。それは「安保法体系」を裏側から支え、米軍の特権を保障する構造をつくりあげている。

しかも日米合同委員会の密約には、日本の法令に抵触、違反してまで米軍に有利な特別扱いをするものまである。

たとえば、日本の法令である航空法上の法的根拠がないのに、米軍による「横田空域」や「岩国空域」での航空管制を、「事実上の問題として委任」し、認める「航空管制委任密約」がそうである。

第四章で述べたように航空法は、国土交通省の航空管制官が航空管制をおこなうと定めている。ただし、自衛隊基地の飛行場とその周辺の航空管制は、自衛隊に委任できるという例外の規定を設けている。だが、米軍など外国軍隊に委任できるとは定めていない。

ところが、日米合同委員会の「航空交通管制に関する合意」(一九七五年五月八日付)で、米軍による航空管制を既成事実として、事実上の委任というかたちで処理し、追認したのである。航空法に反して米軍の特権にお墨付きを与えたのである。

また、第一章で述べたように「航空交通管制に関する合意」では、米軍の「防空任務に従事する航空機」と、「あらかじめ計画され、その飛行計画について関係の航空交通管制機関と調整された戦術的演習に参加する航空機」に対して、日本政府は「航空交通管制承認に関し、優先的取り扱いを与える」としている。

　しかし、航空法には外国軍隊の航空機に「航空交通管制承認に関し、優先的取り扱いを与える」という規定はない。この「航空管制・米軍機優先密約」も航空法に抵触、違反して米軍に特権を認めている。

基地の日本人警備員の銃携帯を認める秘密合意

「日本人武装警備員密約」の場合は、銃刀法（銃砲刀剣類所持等取締法）に抵触、違反している。在日米軍基地では、ゲートの警備などをする日本人の基地従業員が銃を携帯する姿が見られる。しかし、日本では銃刀法により、銃砲の所持は警察や自衛隊など法令にもとづく職務を除いて禁止されている。狩猟・競技向けに必要な場合は都道府県公安委員会の許可を得なければならない。したがって警備員による銃の携帯は許されていない。銃刀法は厳格な規制をしいている。

　もちろん地位協定にも、米軍基地の日本人警備員が銃を携帯できるという規定はない。ところが、

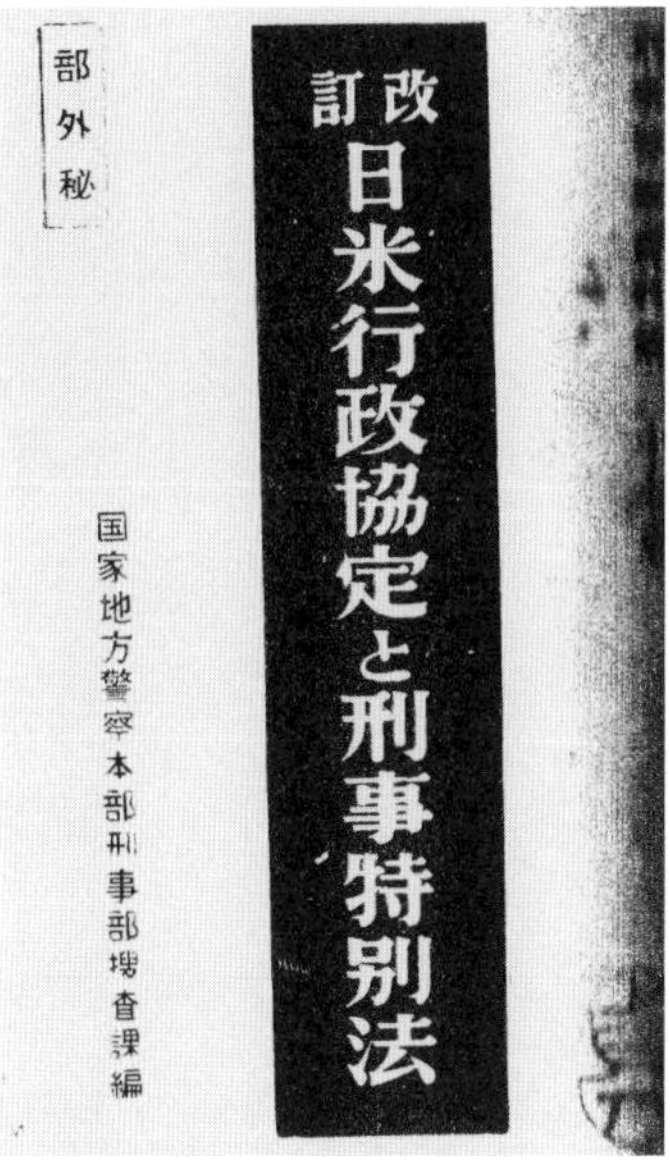
部外秘
改訂
日米行政協定と刑事特別法
国家地方警察本部刑事部捜査課編

文書画像15「部外秘 改訂日米行政協定と刑事特別法」（新原昭治氏提供）

日米合同委員会の秘密合意によりできるようにしているのだ。その合意文書は「合衆国の施設及び区域内における日本人を含む武装警備員の使用について」という。日本政府の秘密資料、『部外秘　改訂・日米行政協定と刑事特別法』（「刑事警察資料」第二七巻　国家地方警察本部刑事部捜査課編集・発行　一九五四年三月）に載っている。（文書画像15）

合衆国の施設及び区域内における日本人を含む武装警備員の使用について
一九五二年十一月二十五日　裁判管轄小委員会合意
一九五二年十二月三十日　第三十四回合同委員会承認
合衆国軍隊は、その使用する施設、区域内において、必要最少《ママ》限度の日本人を含む武装警備員を使用し得る。但し、その武器使用は、日本刑法第三十六条第一項及び第三十七条第一項の範囲内に限り、且つ責任当局が、武器取扱に関する十分な規律と訓練とを与えることを条件とする。

文中の「刑法第三十六条第一項」は正当防衛、「第三十七条第一項」は緊急避難の規定である。日本人警備員の武器使用はこの範囲に限定されるというのである。しかし、そもそも日本人警備員に銃刀法上、銃の携帯は許されていない。それなのに米軍基地の場合は、超法規的な特別扱いとしている。すなわち米軍に対し特権を認めている。なお文中に「裁判管轄小委員会」とあるのは、「裁判権分科委員会刑事部会」を指す。

この合意文書は、「駐留軍警備員の武器の携帯及びその使用について」（昭二八、六、二九　刑発捜第一六八号　国本捜査課長より管本長、隊長宛）という警察の内部通達に引用されている。

通達は一九五三年六月二九日付である。米軍基地での日本人警備員の銃携帯を認めた日米合同委員会の合意を、国家地方警察本部の刑事部捜査課長から関係の警察部門に通知し、留意するよう指示したもので、次のように書かれている。

合衆国軍隊の使用する施設及び区域内における、警備員の武器の携帯並びにその使用については、裁判管轄小委員会において、日米両国代表者により数回にわたり討議され、昭和二十七年十二月三十日、第三十四回合同委員会において左記のような決定を見、その使用に関しては厳重な制限が加えられて居るので承知せられたい。

そして、このあとに上記の合意文書が引用されている。『部外秘　改訂・日米行政協定と刑事特別法』は、日米行政協定第一七条（刑事裁判権）と刑事特別法の規定をふまえ、米軍人・軍属・それらの家族による犯罪の刑事裁判管轄権、捜査・逮捕・身柄の拘束・取り調べなど警察権の行使、米軍側との協力など、一連の事件処理に関する警察の実務の解説資料集である。国家地方警察本部は警察庁の前身にあたる組織だ。

米軍を特別扱いして有利に処理する

日本の警察に逮捕された米軍人・軍属が公務中なのかどうか、まだはっきりしない段階でも、被疑者の身柄を米軍側に引き渡すという「身柄引き渡し密約」も、日本の法令である刑事特別法に抵触、違反している。

この密約の合意文書の名称は、「日米合同委員会裁判権分科委員会刑事部会において合意された事項、第9項（a）」（一九五三年一〇月二二日付）である。署名者は、当時の同部会日本側委員長の津田實法務省刑事局総務課長とアメリカ側委員長アラン・トッド陸軍中佐だ。

この合意文書は、検察官が米軍関係の事件・事故を扱う際の実務について解説した秘密資料、『秘　合衆国軍隊構成員等に対する刑事裁判権関係実務資料』（「検察資料」一五八　法務省刑事局編集・発行　一九七二年）に記載されている。

〔米軍人・軍属による犯罪が〕公務の執行中に行われたものであるか否かが疑問であるときには、被疑者の身柄を当該憲兵司令官に引き渡すものとする。合衆国の当局は、当該被疑者の公務執行の点に関し、すみやかに決定を行い通知するものとする。

これは米軍側にきわめて有利である。たとえば自動車を運転中に人をはねてしまったというような、過失致死傷や業務上過失致死傷といった事件で、被疑者の米軍人や軍属が「基地間を移動する公務中だ」と主張したら、事実かどうか日本側はすぐには確認できない。密約のとおりに、公務中かどうか明らかになっていなくても、身柄は米軍側に引き渡すことになる。

それが実際は公務中ではなく、日本側に第一次裁判権がある公務外のケースであるかもしれなくてもだ。被疑者の身柄を米軍側に引き渡してしまうと、仮に後で公務外だったとわかっても、地位協定第一七条（刑事裁判権）の規定で、日本側が起訴するまで身柄は米軍当局のもとにおかれ、任意にもとづく日本側の取り調べは難航し、起訴できずに終わる可能性も高い。結果的に、米軍人・軍属の犯罪が裁かれずに終わることもあるだろう。

なぜこのような密約が結ばれたのか。前出の法務省刑事局の秘密資料では、こう解説されている。


公務執行中のものであることが明らかでない以上は、わが方で身柄の拘束を続けてもよいとすることとは、被疑者が軍隊の構成員又は軍属という特殊な地位にあることにかんがみ妥当でないので、とりあえずその身柄を軍当局に引き渡すこととする。


米軍人・軍属はつまり「特殊な地位にある」からだと、あからさまに米軍関係者への特別扱いを認めている。「特殊な地位」という米軍側の特権的立場に配慮しなければならないというのである。

この解説は米軍関係者の事件・事故を担当する検察官に対して、そのように配慮して処理すべき点を周知徹底させるものだ。そして、米軍人・軍属を特別扱いした結果、日本側で裁かれるべきなのに見逃されたケースもあるはずだ。

しかし、日本の法令である刑事特別法（地位協定の実施に伴う米軍関係者の刑事事件に関する法律）の第一一条では、米軍人・軍属の被疑者の身柄は公務中と明らかに認められた場合にのみ、米軍側に引き渡すと定めている。すなわち公務中かどうかはっきりしない段階では、引き渡してはならない。それが法律による決まりである。

ところが、実際はその裏側で「身柄引き渡し密約」により、刑事特別法に反して米軍に有利な処理をしている。人知れず密約が法律を超越して運用されているのである。

日本の法令に反する合意はしてはならない

それにしても、このように日米合同委員会で日本の法令に抵触、違反する合意をおこなうことは、許されるものだろうか。

その答えは、決して許されるものではない、である。明確に、前出の外務省機密文書『日米地位協定の考え方・増補版』でも、そう説明されている。日米合同委員会を設置した根拠となる地位協定第二五条の解説部分の一節である。


合同委員会は、当然のことながら地位協定又は日本法令に抵触する合意を行うことはできない。

したがって、航空法上の法的根拠がないのに、米軍による「横田空域」や「岩国空域」での航空管制を事実上委任して認めることも、米軍機に「航空交通管制承認に関し、優先的取り扱いを与える」ことも、銃刀法に反して米軍基地の日本人警備員に銃を携帯させることも、刑事特別法の規定に従わないで、公務中かどうかまだ明らかではないのに米軍人・軍属の被疑者の身柄を米軍側に引き渡すことも、すべて日本法令に抵触、違反しており、そもそも日米合同委員会で合意できる内容ではないのである。

『日米地位協定の考え方・増補版』は、外務官僚向けに地位協定の解釈・運用について解説した機密文書、内部資料だ。そこにみずから「日本法令に抵触する合意を行うことはできない」と書いておきながら、国民・市民の目が届かない日本の高級官僚と在日米軍の高級軍人の密室協議の場では、日本法令に抵触して米軍を特別扱いする秘密合意を結んでいる。民主主義の基本である「法の支配」を逸脱する行為であり、法治国家としてあってはならないことだ。

日米合同委員会では、「日本法令に抵触する合意を行うことはできない」以上、日本法令に抵触、違反する合意に正当性はなく、無効でなければならない。

地位協定に詳しく、米軍関係の裁判にも関わってきた弁護士たちの共著『基地と人権』（横浜弁護士会編　日本評論社　一九八九年）も、日米合同委員会は「国内法〔日本の法令〕に抵触する事項を合意すること」はできないという点を指摘している。そのうえで、日米合同委員会が「国内法と矛盾するような合意」すなわち日本法令に抵触する合意をして、米軍の特権を認めている実態をこう批判している。

これまでの運用の実態をみると日米合同委員会が国内法と矛盾するような合意をなし、米軍がそれを根拠として各種特権を行使しているようであるが、厳に是正されなければならない。

こうした日米合同委員会の「日本法令に抵触する合意」。しかも、その合意文書は非公開である。秘密にされ、隠蔽された合意による米軍特権なのである。その結果、国民・市民の権利が侵害されている。

たとえば米軍による「横田空域」や「岩国空域」での航空管制を、「事実上の問題として委任」し、認める「航空管制委任密約」のせいで、民間航空機の飛行が制約を受け、安全で効率的な運航が阻害されている。それは安全で効率的な運航を望む民間航空関係者と、安全で効率的な空の旅を望む一般乗客の権利が侵害されていることを意味する。

また、民間航空機をほぼ締め出した広大なこれら軍事空域が、米軍機の低空飛行訓練やパラシュート降下訓練などに使われることで、地域住民に騒音被害や墜落・部品落下など事故の危険がもたらされ、平穏・安全に暮らす権利も侵害されている。

地位協定の規定を骨抜きにする密室の合意

さらに、「地位協定に抵触する」と考えられる日米合同委員会の合意もある。第二章で詳述した「合同委員会第七回本会議に提出された一九五二年六月二一日附裁判権分科委員会勧告、裁判権分科委員会民事部会、日米行政協定の規定の実施上問題となる事項に関する件」（「実施上問題となる事項」）である。五二年七月三〇日に日米合同委員会で承認されたものだ。

この合意文書は　裁判官が米軍関係の裁判を担当する際の秘密資料、『部外秘　日米行政協定に伴う民事及び刑事特別法関係資料』（最高裁事務総局編集・発行　一九五二年九月）に載っている。

米軍機墜落事故や米兵犯罪などの被害者が損害賠償を求める民事裁判に、米軍側はアメリカ合衆国の利益を害する情報などは証拠のために提供しなくてもよく、そうした情報が明らかになりそうな場合は米軍人・軍属を証人として出頭させなくてもいいという合意である。「民事裁判権密約」と呼べるものだ。

これまで上記の民事裁判において、被害者側の原告は事故・事件の真相究明と責任の所在を明らかにするため、米軍の事故調査報告書や米軍人への飲酒・外出規制の記録を提供するよう、裁判所を通して求めてきた。米軍関係の民事裁判権に関する地位協定第一八条（請求権・民事裁判権）は、日米両政府の当局は「公平な審理及び処理のための証拠の入手について協力する」と定めているからだ。

しかし、米軍側はそれらの報告書や記録を提供してこなかった。「証拠の入手について協力する」という地位協定第一八条の規定があるにもかかわらずだ。提供しない理由を、米軍側は「文書が存在しないから」などとしている。

だが、その背後には、米軍は出したくない情報は出さなくてもよく、事実上、「証拠の入手について協力」しなくてもいい「民事裁判権密約」があるとみられる。結果的に、原告が望む真相の究明と責任の追及が阻まれてきた。米軍機墜落事故や米兵犯罪などの被害者の、真相を知る権利、裁判の公平な審理を受ける権利が侵害されてきた。

地位協定第一八条の規定が日米合同委員会の密約によって骨抜きにされているのである。このような日米合同委員会の合意は、地位協定に抵触しているとしか言いようがない。やはり、そもそも日米合同委員会で合意できる内容ではない。

地位協定について法的観点から詳述した『在日米軍地位協定』（本間浩著　日本評論社　一九九六年）は、日米合同委員会で合意できる事項の範囲は、「地位協定の実施に関する細則」に限られており、「地位協定に定められている原則の内容を変更したり、地位協定に定められていない新たな原則を設定することはできない」と説明している。

「民事裁判権密約」は前述の地位協定第一八条の規定を骨抜きにし、事実上無効化する内容である。それは「地位協定に定められている原則の内容」を日米合同委員会の密室の合意によって変更していることを意味する。決して許されないことだ。

また第五章で述べたように、地位協定に根拠となる規定のない米軍による検疫を、日米合同委員会の「人、動物及び植物の検疫に関する合意」（一九九六年一二月一二日付）で認めている。しかしそれは、「地位協定に定められていない新たな原則を設定すること」にほかならない。当然、日米合同委員会で合意できる内容ではない。

それなのに、日米合同委員会の合意にもとづき、日本政府は米軍基地での検疫を米軍の手にゆだねている。それは憲法第二五条が定める「公衆衛生の向上及び増進」の主権が、外国軍隊によって侵害される状況を生みだしている。

その結果、「公衆衛生の向上及び増進」が阻害され、米軍基地のある地域住民に感染症（伝染病）のリスクと感染拡大の不安をもたらしている。公衆衛生の向上と増進という公益を受けるべき国民・市民の権利が侵害されていることになる。

日米両政府を拘束するという日米合同委員会の合意

「地位協定又は日本法令に抵触する合意」が、日米合同委員会の密室協議を通じて結ばれていることの弊害は大きい。

ところが、外務省機密文書『日米地位協定の考え方・増補版』には、さらに驚くべき次のような解説が載っている。

地位協定の通常の運用に関連する事項に関する合同委員会の決定（いわゆる『合同委員会の合意事項』）は、いわば実施細則として、日米両政府を拘束するものと解される。

しかし、日米合同委員会の設置の法的根拠である地位協定の第二五条には、「この協定の実施に関して相互間の協議を必要とするすべての事項に関する日本国政府と合衆国政府との間の協議機関として、合同委員会を設置する」と書かれているだけで、日米合同委員会の合意が

「日米両政府を拘束する」との文言はまったくない。

つまり地位協定で定められたことでも、国会で承認されたものでもない。上記の解説文の末尾に、「と解される」とあるように、日米合同委員会の密室協議で在日米軍の高級軍人と日本の高級官僚が一方的にそう解釈しているだけなのである。それ自体が一種の密約ともいえる。

私が独自のルートを通じて入手した、在日米軍司令部の内部文書「JOINT COMMITTEE AND SUBCOMMITTEES（「合同委員会と分科委員会」、二〇〇二年七月三一日付）にも、「合同委員会での合意はアメリカ合衆国と日本国を拘束する」と、同じように書かれていることから、こうした秘密の合意が結ばれていることはまちがいないとみられる。（文書画像16）

日米合同委員会の密室の合意は、憲法にもとづく国権の最高機関である国会にも公開されず、主権者である国民・市民に対しても隠されている。しかも日米合同委員会の合意には、日本の主権を侵害する特権を米軍に与え、その結果、国民・市民の人権侵害につながる実態をつくりだしているものもある。さらに、「地位協定又は日本法令に抵触する」ものまで含まれている。

国権の最高機関である国会がチェックできない不透明な日米合同委員会の合意事項。それなのに、あいまいな「いわば実施細則」として「日米両政府を拘束する」ほどの巨大な効力を持つというのだ。憲法にもとづく「法の支配」をないがしろにするもので、きわめて不当と言うしかない。

ただ、アメリカ側が必ずしも日米合同委員会の合意に拘束されているわけではない。米軍はみずからの軍事的都合に合わせ、その時どきの判断で、日米合同委員会の合意に拘束されずに動くのが実態である。

たとえば、全国各地で続く米軍機の低空飛行訓練を容認した、日米合同委員会の合意「在日米軍による低空飛行訓練について」（一九九九年一月一四日付）で、米軍機は日本の航空法が定めた「最低安全高度基準を用いて」いると表明している。

しかし、人口密集地上空では航空機を中心として水平距離六〇〇メートルの範囲内の最高建造物の上端から三〇〇メートル、それ以外の所の上空では地面や水面から一五〇メートルという、航空法の最低安全高度以下でも飛行するケースがひんぱんに見られる。米軍は上記の基準を常に守っているわけではない。

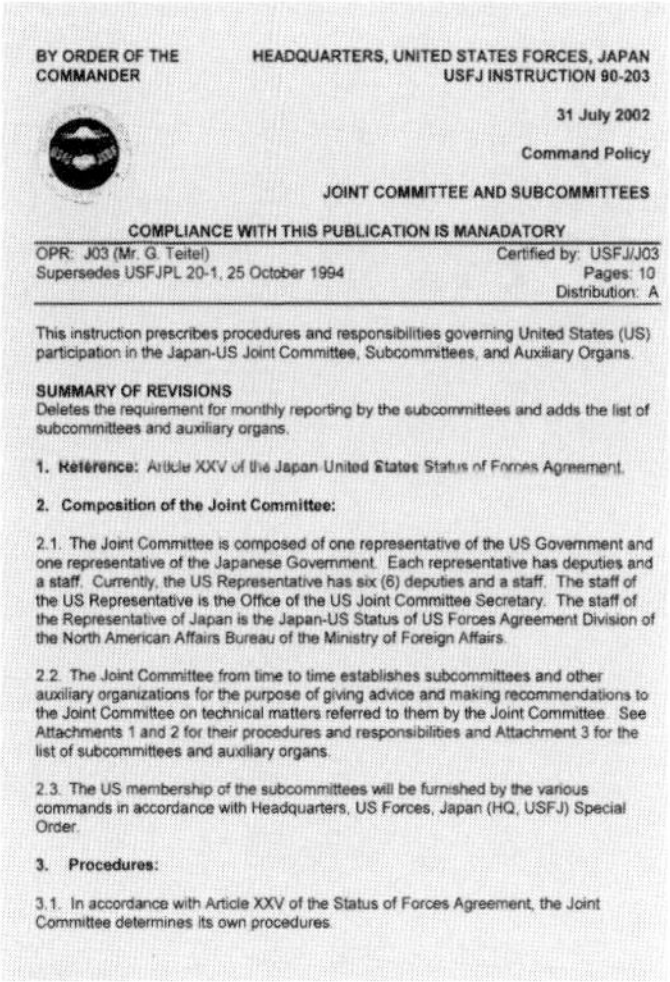
BY ORDER OF THE COMMANDER

HEADQUARTERS, UNITED STATES FORCES, JAPAN
USFJ INSTRUCTION 90-203

31 July 2002

Command Policy

JOINT COMMITTEE AND SUBCOMMITTEES

COMPLIANCE WITH THIS PUBLICATION IS MANADATORY

OPR: J03 (Mr. G. Teitel)
Supersedes USFJPL 20-1, 25 October 1994

Certified by: USFJ/J03
Pages: 10
Distribution: A

This instruction prescribes procedures and responsibilities governing United States (US) participation in the Japan-US Joint Committee, Subcommittees, and Auxiliary Organs.

SUMMARY OF REVISIONS
Deletes the requirement for monthly reporting by the subcommittees and adds the list of subcommittees and auxiliary organs.

1. Reference: Article XXV of the Japan United States Status of Forces Agreement.

2. Composition of the Joint Committee:

2.1. The Joint Committee is composed of one representative of the US Government and one representative of the Japanese Government. Each representative has deputies and a staff. Currently, the US Representative has six (6) deputies and a staff. The staff of the US Representative is the Office of the US Joint Committee Secretary. The staff of the Representative of Japan is the Japan-US Status of US Forces Agreement Division of the North American Affairs Bureau of the Ministry of Foreign Affairs.

2.2. The Joint Committee from time to time establishes subcommittees and other auxiliary organizations for the purpose of giving advice and making recommendations to the Joint Committee on technical matters referred to them by the Joint Committee. See Attachments 1 and 2 for their procedures and responsibilities and Attachment 3 for the list of subcommittees and auxiliary organs.

2.3. The US membership of the subcommittees will be furnished by the various commands in accordance with Headquarters, US Forces, Japan (HQ, USFJ) Special Order.

3. Procedures:

3.1. In accordance with Article XXV of the Status of Forces Agreement, the Joint Committee determines its own procedures.

文書画像16 在日米軍司令部の内部文書「合同委員会と分科委員会」

また同合意で、米軍は低空飛行の間、「人口密集地域や公共の安全に係る建造物（学校、病院等）に妥当な考慮を払う」と表明している。しかし、米軍機は人口密集地、学校、病院などの上空も平気で爆音を轟かせながら飛んでいる。「妥当な考慮」が払われているとはとうてい思えない。

実際に日米合同委員会の合意に「拘

束」されるのは日本側で、その結果、米軍の特権をとめどなく容認してゆくという色合いが濃い。

日米合同委員会の密室で決める基地の提供

外務省機密文書『日米地位協定の考え方・増補版』の、「地位協定の通常の運用に関連する事項に関する合同委員会の決定（いわゆる『合同委員会の合意事項』）は、いわば実施細則として、日米両政府を拘束するものと解される」という解説だが、その直前の部分に次のような文章がおかれている。

施設・区域に関する協定の場合は別として、

これは、日米合同委員会は米軍への「施設・区域」すなわち基地の提供・共同使用・返還を決定する機能を持ち、個々の「施設・区域」について提供や共同使用や返還の協定を個別に結んでいる点を踏まえての前置きである。

つまり個々の基地提供・共同使用・返還の協定と、それ以外のさまざまな合意事項（「航空交通管制に関する合意」、「日米合同委員会裁判権分科委員会刑事部会において合意された事項」、「在日米軍による低空飛行訓練について」など）は、法的な位置づけが異なることを指すのである。基地の提供・共同使用に関しては「協定」、それ以外の地位協定の運用に関する合意は「いわば実施細則」

というわけだ。

『日米地位協定の考え方・増補版』の解説によると、「個々の施設・区域については、個別の協定が締結」され、その協定は「政府間合意（行政取極《とりきめ》）と観念される」すなわち考えられるという。協定には、日本側は外務省の北米局長が、アメリカ側は在日米軍司令部副司令官が署名する。日米合同委員会の日米双方の代表としてだ。「政府間合意」である以上、「両政府を拘束する」効力を持つと考えられる。

北米局長の署名には、「合同委員会の日本側代表としての署名の性格と政府間協定の締結のための日本政府代表としての署名の性格」があるのだという。なんと一官僚である外務省北米局長が、ここでは「日本政府代表」として権限を行使するというのである。

たしかに首相官邸ホームページ掲載の「閣議及び閣僚懇談会議事録」を見ると、外務省北米局長を「日米合同委員会日本政府代表」に任命するという、時の内閣による閣議決定がなされている。

前出の在日米軍の内部文書「JOINT COMMITTEE AND SUBCOMMITTEES」にも、日米合同委員会の日米双方の代表は、それぞれの「政府を代表する」と記されている。

日米合同委員会の設置の法的根拠である地位協定の第二五条は、日米合同委員会を地位協定の実施に関する協議機関と規定したうえで、特に「施設及び区域」を決定する任務を持つものとして、こう定めている。

特に、合衆国が相互協力及び安全保障条約の目的の遂行に当たって使用するため必要とされる日本国内の施設及び区域を決定する協議機関として、任務を行う。

それを受けて地位協定の第二条（施設・区域の提供と返還）では、日米両政府が個々の「施設及び区域」すなわち基地の提供・共同使用の協定を日米合同委員会を通じて結ぶ方式を定めている。

個個の施設及び区域に関する協定は、第二五条に定める合同委員会を通じて両政府が締結しなければならない。

この「合同委員会を通じて両政府が締結」というのが、日米合同委員会の日米双方の代表かつ双方の政府代表としての署名による締結の手続きを指している。

閣議でもあっさりと決まる基地の提供・共同使用の協定

こうして締結された個々の基地の提供・共同使用・返還の協定について、日本側では閣議決定がなされる。しかし、閣議案件の資料として提出されるのは、協定の全文ではない。『日米地位協定の考え方・増補版』によると、「閣議決定及び〔官報での〕告示の対象」となるのは、「協定の主要点を別途文書にしたもの」すなわち概要だけである。「合同委員会関係文書は、原則として非公表扱いとすることが日米間で合意されている」からなのだという。

日米合同委員会の関係文書は、なんと政府閣僚に対しても「原則として非公表扱い」であり、閣議決定のための資料も概要でしかないのである。日米合同委員会の秘密体制は徹底している。したがって、閣議では個々の基地の提供・共同使用・返還の協定について、協定全文をもとに詳細な検討が加えられるわけではない。

前出の「閣議及び閣僚懇談会議事録」を見ると、たとえば二〇二一年二月五日の午前八時一八分〜二八分に総理大臣官邸閣議室で開かれた、菅義偉内閣（当時）の閣議では、「『日本国とアメリカ合衆国との間の相互協力及び安全保障条約第6条に基づく施設及び区域並びに日本国における合衆国軍隊の地位に関する協定』第2条に基づく施設及び区域の共同使用、追加提供及び新規提供について」（防衛省の提出）が、案件として取り上げられている。

この地位協定第二条にもとづく基地の提供・共同使用の協定が閣議決定にいたる様子は、議事録にこう記されている。閣議の進行役、坂井学内閣官房副長官の発言である。


『日米地位協定』第2条に基づく、米軍使用施設・区域の新規提供等について、御決定をお願いいたします。今回の案件は、日米共同訓練を実施するため、徳島県松茂町の『海上自衛隊徳島航空基地』の一部土地等を新規提供するもの等、計8件であります。

この日の閣議案件は「一般案件」三件、「国会提出案件」六件、「法律案」六件、「政令」二件、「人事」二件、「配付」一件の計二〇件である。「配付」以外の、閣議決定が必要なすべての案件が、閣議決定されている。

首相官邸ホームページによると、「一般案件」とは「国政に関する基本的重要事項等であって、内閣として意思決定を行うことが必要なもの」である。基地の提供・共同使用・返還の協定はこれに含まれる。「国会提出案件」は「法律に基づき内閣として国会に提出・報告するもの」である。基地の提供・共同使用・返還の協定がこれに含まれないのは、「国会に提出・報告する」必要のない案件として処理されていることを意味する。

前出の二〇件を案件としたこの日の閣議は、わずか一〇分間で終了している。議事録の記述どおり、上記の基地の提供・共同使用の協定に関する案件も、その内訳としては八件あったが、ひとまとめにあっさりと閣議決定された。特に閣僚から関連する発言も出ていない。

閣議決定も形式的なものにすぎない

一連の「閣議及び閣僚懇談会議事録」を見るかぎり、基地の提供・共同使用・返還の協定の案件は、いつも同じように手短に処理され、閣議決定されている。提供や共同使用の必要性などが吟味され、検討された形跡もない。

閣議で異論が出て、閣議決定されなかったケースは、一連の「閣議及び閣僚懇談会議事録」や戦後の歴代内閣の閣議案件を毎年別に収録した『閣議及び事務次官等会議付議事項の件名等目録』シリーズ（内閣官房内閣参事官室編または同総務官室編）を調べたかぎりでは、見当たらない。

『日米地位協定の考え方・増補版』によると、同文書が書かれた一九八三年の時点で、「閣議段階で否認された例が過去に少なくとも一件」あったというが、共同使用に関するもので、この件について日米間で特に「問題にされずに済んだ」らしい。

外務省北米局の日米地位協定室に問い合わせると、やはり、「閣議決定されなかったケースは、過去に一件あったが、内容については昔のことなのでわからない」とのことだった。

結局、閣議決定といっても、形式的なものにすぎないといえる。日米合同委員会で合意して、協定に日米双方の代表が署名すれば、基地の提供も共同使用も米軍側の意向にそって、スムーズに実現するようになっているのだろう。

官報でも個々の基地の提供・共同使用・返還の協定については、施設・区域の名称、所在地、面積、提供か共同使用か返還かの区別、使用目的など概要しか告示されない。それは原則として「日米合同委員会合意事案概要」として防衛省のホームページに掲載される。しかし、簡単な説明にすぎず、あくまでも概要である。

また、『日米地位協定の考え方・増補版』には、日米合同委員会における個々の基地の提供・共同使用・返還の協定という「政府間合意（行政取極）」が、日本側の「閣議決定を条件として行われていると米側が認識しているとの確証もない」との、驚くべき説明も載っている。

つまりアメリカ側は「政府間合意（行政取極）」の発効の条件として、閣議決定が必要だと認めているわけではないのである。アメリカ側は、日米合同委員会で日米双方の代表が協定に署名して合意した時点で、「政府間合意（行政取極）」の効力が生じると認識しているらしい。

その点は『日米地位協定の考え方・増補版』でも問題視されており、「閣議決定の前にかかる行政取極の締結が行われることは問題である」と記されている。だが、アメリカ側が「政府間合意（行政取極）」は日米合同委員会での日米双方の代表による署名の時点で発効すると捉えている点に、日本側が異を唱えたとの説明はない。

国民主権の原理に反する密室での合意

しかし、日本の領土・領海・領空の一部を軍事基地（「施設及び区域」）として外国軍隊に提供することは、国家の主権に関わる重大事項だ。そうした重みを持つ決定を、憲法にもとづく「国権の最高機関」である国会が関与できない、日米合同委員会の密室協議の手にゆだねたままでいいのだろうか。

しかも、合意文書である基地の提供・共同使用・返還の協定は非公開で、国会に対しても秘匿されている。閣議にも協定の概要しか提出されない。こうしたやり方は、憲法の国民主権の原理に明らかに反している。

このような重大な決定にあたる政府間協定は、「国際約束」であり、広い意味での条約の一種と考えられる。本来なら国会に協定の文書全文が提出され、そこで主権者の代表である国会議員によって、個々の基地の必要性、地域住民への影響などを、自治体や住民の意見も聞きながら審議したうえで、承認あるいは非承認を決める、という民主主義と「法の支配」にふさわしい手続きがなされるべきだ。

ところが、それを日米合同委員会の秘密協議による合意で処理してしまっている。そのあとの閣議決定も形式的なものにすぎない。憲法前文にもとづく「正当に選挙された国会における代表者」として主権者の信託を得たとはいえない外務省北米局長という一官僚が、「日本政府代表」として署名する仕組み自体が、きわめて不透明で、憲法の基本原理からはずれている。

したがって、地位協定第二条の「個々の施設及び区域に関する協定は、第二五条に定める合同委員会を通じて両政府が締結しなければならない」という規定は、本来なら「合同委員会を通じて両政府が締結しなければならない」ではなく、〝国会での審議・承認を通じて両政府が締結しなければならない〟とすべきなのである。

しかし、「合同委員会を通じて」密室協議に持ち込むことで、米軍が望む基地提供を円滑に遂行できるための仕組みが、地位協定に組み込まれてしまっている。それは同協定の前身で、安保条約とともに一九五二年四月に発効した行政協定から、そのまま引き継がれてきたものだ。

閣議決定をされない「いわば実施細則」

それでは、地位協定第二条にもとづく個々の「施設及び区域」すなわち基地の提供・共同使用・返還の協定以外の、日米合同委員会の「いわば実施細則」であるさまざまな合意は、日本政府の閣議決定という手続きを経ているのだろうか。

「閣議及び閣僚懇談会議事録」と『閣議及び事務次官等会議付議事項の件名等目録』を調べた

かぎりでは、米軍基地で働く従業員の労務提供の基本契約に関する合意、米軍による損害を受けた者に対する賠償金及び見舞金の支給に関する合意、などごく一部の例外を除いて、閣議決定をされた形跡はない。そもそも閣議の案件として提出されていないのである。

『日米地位協定の考え方・増補版』にも、基地の提供・共同使用・返還の協定以外の合意は、閣議決定を必要としない旨の解説がこう書かれている。

合同委員会は、右に規定されるとおり、協議機関であるので、特に施設・区域に関する協定のように『合同委員会を通じて両政府が締結』すべきものについては、協議機関としての合同委員会が決定したものを更に両政府の代表者が政府間の合意として確定する行為を必要とする。

日本側においては、外務省北米局長が、合同委員会政府代表に任命されており、委員会における行動が政府間の合意をも意味する場合（通常は、施設・区域に関する協定への署名の場合）には、しかるべく閣議決定を行っている。

「特に施設・区域に関する協定」（基地の提供・共同使用・返還の協定）の場合は、「政府間の合意として確定する行為を必要」とするので、「日本側において」は「しかるべく閣議決定を行っている」とあるように、たしかに基地の提供・共同使用・返還の協定は閣議決定の手続きをとっている。

一方、それ以外の、「航空交通管制に関する合意」など地位協定の運用に関するさまざまな合意（「いわば実施細則」）は、「両政府の代表者が政府間の合意として確定する行為を必要」としないのである。したがって、日本政府の閣議決定という手続きをとる必要もないというわけだ。上記の解説を素直に読めば、そうなる。

外務省北米局の日米地位協定室に聞いてみたところ、「個々の施設・区域に関する協定は、閣議決定をしているが、それ以外の『航空交通管制に関する合意』などさまざまな合意は、閣議決定を必要としない」という返答があった。

はたして政府間の合意といえるのか

そうすると、基地の提供・共同使用・返還の協定以外の、地位協定の運用に関するさまざまな合意「いわば実施細則」は、はたして「政府間の合意」といえるのだろうか。「両政府の代表者が政府間の合意として確定する行為を必要」とせず、日本政府の閣議決定を経ていない以上、「政府間の合意」とはいえないのではないか。

現に、『日米地位協定の考え方・増補版』にも、日米合同委員会での日本政府代表である外務省北米局長の「委員会における行動が、政府間の合意をも意味する場合（通常は、施設・区域に関する協定への署名の場合）には、しかるべく閣議決定を行っている」と書いてある。やはり「政府間の合意」として効力を持つには、閣議決定が必要なのである。この外務省機密文書の解説は、そうとしか読み取れない。

この点について日米地位協定室にたずねると、次のような説明を受けた。

「個々の施設・区域に関する協定以外の日米合同委員会の合意は、日米地位協定という日米両国間の国際約束の範囲内にある内容なので、あらためて『政府間合意（行政取極）』として閣議決定をする必要はない」

前述のように地位協定第二五条は、日米合同委員会は地位協定の実施に関する協議機関と定めている。そのうえで、「特に、……略……施設及び区域を決定する協議機関として、任務を行う」と特記している。

この第二五条を素直に読めば、協議機関としての日米合同委員会には、「施設及び区域を決定する」任務はあるが、それ以外の地位協定の運用に関する事項については「協議」はできても、「決定する」任務はないとしか考えられない。

ところが、『日米地位協定の考え方・増補版』は、基地の提供・共同使用・返還の協定以外の、地位協定の運用に関するさまざまな合意は、「いわば実施細則として、日米両政府を拘束するものと解される」というのである。「日米両政府を拘束する」とは、閣議決定を経た「政府間の合意」と同様の効力を持つことを意味する。そうした効力を持つ「いわば実施細則」を、日米合同委員会は決定できるということになる。

上記の日米地位協定室の説明では、それは「日米地位協定という日米両国間の国際約束の範囲内にある内容」であるからだとされている。つまり、地位協定が日米両国間の国際約束である以上、その範囲内にある「いわば実施細則」の合意も、「政府間の合意」と同様の効力を持つという解釈なのであろう。

そこで注目すべきなのは、前述のように『日米地位協定の考え方・増補版』によると、アメリカ側が「政府間合意（行政取極）」の発効の条件として、閣議決定が必要だと認識している確証はないという点だ。要するに、日米合同委員会で日米双方の代表が協定に署名して合意した時点で、「政府間合意（行政取極）」の効力が生じると、アメリカ側は認識しているらしい。

そもそもアメリカ側すなわち米軍側は、実効性という点に関して、基地の提供・共同使用の協定とそれ以外の地位協定の運用に関する「いわば実施細則」としての合意を、さして区別していないのではないだろうか。

結局、日米合同委員会で日米双方の代表が日米両政府を代表する立場で署名して合意した以上、日本側の閣議決定がなくても、「いわば実施細則」が実質的に「政府間合意（行政取極）」と等しい「日米両政府を拘束する」効力を持つという解釈を、日米双方が共有しているとみられる。

しかし、「いわば実施細則」としての合意が、地位協定の範囲内に収まらないケースもある。前述のように、「民事裁判権密約」は地位協定第一八条の規定を骨抜きにし、事実上無効化する内容である。それは「地位協定に定められている原則の内容」を日米合同委員会の密室の合意によって変更していることを意味する。地位協定に根拠規定のない米軍による検疫を認める「人、動物及び植物の検疫に関する合意」（一九九六年一二月二日付）は、「地位協定に定められていない新たな原則」の設定にあたる。

密室協議で共有した解釈にすぎない

しかし、それはあくまでも日本の高級官僚と在日米軍の高級軍人による密室協議で共有した解釈にすぎない。しかも、日本側の閣議決定を経ない「いわば実施細則」に、はたして「政府間合意（行政取極）」といえる資格があるのかという問題はあいまいなままである。結果的に「横田空域」や「岩国空域」の航空管制、基地の日本人警備員の武器携帯、米軍による検疫など、米軍の特権が認められている。

だが、たとえば日米合同委員会の「航空交通管制に関する合意」で「横田空域」や「岩国空域」の航空管制を、航空法に抵触してまで事実上委任するのは、どう考えてもおかしい。

日米合同委員会は当然、「日本法令に抵触する合意を行うことはできない」のだから、米軍に対して「横田空域」や「岩国空域」の航空管制を委任したいのなら、外国軍隊への委任を例外的に認めるよう航空法を改正するか、地位協定に伴う航空法特例法を改正して新たな規定として設けるかすべきなのである。

いずれにしても国会審議を通じて法改正を成立させる必要がある。国会という立法府にだけできることで、そうした手続きこそが憲法による「法の支配」にもとづく常道である。それを日米合同委員会の密室協議の合意で、地位協定第六条の趣旨（日米安保のため民間用と軍事用の航空管制に関し、日米間の協調と整合を図る）によって拡大解釈し、米軍に事実上委任するのは、実質的な立法行為（本質的には脱法行為）にあたる。地位協定第二五条にもとづく協議機関としての日米合同委員会の任務を逸脱している。

航空法に抵触して米軍機に「航空交通管制承認に関し、優先的取り扱い」を与える合意、銃刀法に抵触して基地の日本人警備員の武器携帯を認める合意、刑事特別法に抵触して公務中かどうか明らかでなくても米軍人・軍属の身柄を米軍側に引き渡す合意についても、同様のことがいえる。

ここで、『日米地位協定の考え方・増補版』の前述の解説において、「政府間合意（行政取極）」という用語が使われていることに着目してみたい。そこでは、「個々の施設・区域」については「個別の協定が締結」され、その協定は「政府間合意（行政取極）」であると位置づけられている。

また、それら「個々の施設・区域」に関する協定以外の日米合同委員会の合意「いわば実施細則」も、日本側の閣議決定抜きで、地位協定の範囲内での実質的な「政府間合意（行政取極）」と等しい効力を持つという解釈を、日米双方が共有しているとみられる。

「国会の承認を要する『条約』の範囲」（中内康夫著／『立法と調査』二〇二〇年一一月号　参議院常任委員会調査室・特別調査室）によると、「行政取極」とは憲法第七三条（内閣の職権）「内閣は、他の一般行政事務の外、左の事務を行う」で列挙された事務のひとつ「外交関係を処理すること」（同条第二号）にもとづき、政府が他国と結び得る「国際約束」の一種で、国会の承認を得る必要はないとされている。

一方、憲法第七三条三号「条約を締結すること、但し、事前に、時宜によっては事後に、国会の承認を経ることを必要とする」にもとづき、政府が国会の承認を得て他国と結ぶ「国際約束」が「国会承認条約」である。

つまり、他国との「国際約束」は「国会承認条約」と「行政取極」の二つに分類される。ただし、「これはあくまで日本の国内手続の中でなされる区別」で、「国会の承認を要しない行政取極であっても、国際法上は、国会承認条約と同様に、日本と相手国との間に法的な権利義務関係を設定することに何ら変わりはない」のだという。

本来なら国会承認が必要な日米合同委員会の合意

「国際約束」を「国会承認条約」と「行政取極」に分ける基準について、政府の統一見解を示したのが、一九七四年二月二〇日の衆議院外務委員会における大平正芳外相（当時）の口頭報告（以下、「大平報告」）である。それは「憲法上、国会の承認が必要」とされる「国際約束」すなわち「国会承認条約」の範疇を次の三つに分類した。いわゆる「大平三原則」と呼ばれるものだ。

①法律事項を含む国際約束、②財政事項を含む国際約束、③上記の①②を含まなくても、日本と相手国との間、あるいは国家間一般の基本的な関係を法的に規定するという意味において政治的に重要な国際約束であって、それゆえに発効のために批准が要件とされてい

るもの。
――「国会の承認を要する『条約』の範囲」

これら「大平三原則」の三つの範疇に入らない「国際約束」が「行政取極」とされる。「大平報告」では、「行政取極」は次の三つの範疇に分けられ、「外交関係の処理の一環として行政府限りで締結し得る」と説明されている。

①既に国会の承認を経た条約の範囲内で実施し得る国際約束。
②既に国会の議決を経た予算の範囲内で実施し得る国際約束。
③国内法の範囲内で実施し得る国際約束。
――同前

この「大平報告」と「大平三原則」をふまえて考えると、日米合同委員会の「いわば実施細則の合意」には、「法律事項を含む国際約束」の範疇に含まれ、本来なら国会承認が必要なものも含まれている。

たとえば航空法に抵触して「横田空域」や「岩国空域」の航空管制を米軍に「事実上の問題として委任」し、さらに米軍機に「航空交通管制承認に関し、優先的取り扱い」を与える「航空交通管制に関する合意」がそうである。航空法上、外国軍隊に対する航空管制の委任や、航空交通管制承認での優先的取り扱いといった規定はない。

したがって、「航空交通管制に関する合意」は「国内法の範囲内で実施し得る国際約束」としての「行政取極」の範疇には入らない。そもそも航空法という国内法の範囲内では実施し得ないものだ。

前述のように、「横田空域」や「岩国空域」の航空管制を米軍に委任したければ、外国軍隊への委任を例外的に認めるよう航空法を改正するか、地位協定に伴う航空法特例法を改正して新たな規定として設けるかすべきなのである。航空交通管制承認での優先的取り扱いについても同様である。

銃刀法に抵触して基地の日本人警備員の武器携帯を認める合意、刑事特別法に抵触して公務中かどうか明らかでなくても米軍人・軍属の身柄を米軍側に引き渡す合意についても、やはり同様である。「法律事項を含む国際約束」の範疇に含まれるものであり、「国内法の範囲内で実施し得る国際約束」としての「行政取極」には当てはまらない。

このように「国内法の範囲内で実施し得る国際約束」としての「行政取極」に該当しない、日米合同委員会の「いわば実施細則」である合意は、「大平三原則」に照らせば国会承認が必要な「法律事項を含む国際約束」であるとしか言いようがない。

また、地位協定に規定のない米軍による検疫を認める日米合同委員会の「人、動物及び植物の検疫に関する合意」も、前述のように「地位協定に定められていない新たな原則を設定すること」である。本来なら地位協定を改定して、米軍による検疫の規定を明文化すべきものだ。

それを「大平報告」による「行政取極」の三つの範疇のひとつ、「既に国会の承認を得た条約の範囲内で実施し得る国際約束」としての「行政取極」と実質的に等しい効力を持たせるには無理があろう。「大平三原則」に照らせば、「日本国と相手国との間、あるいは国家間一般の基本的な関係を法的に規定するという意味において重要な国際約束」として、国会での承認が必要となるのではないか。

「別のかたちで継続された占領政策」の呪縛を断ち切る

重ねて指摘するが、日米合同委員会は基地の提供・共同使用・返還の協定でも、地位協定の運用に関する合意（「いわば実施細則」）でも、正式な協定文書や合意文書は原則非公開である。国権の最高機関である国会もチェックできない不透明な組織で、憲法にもとづく「法の支配」を逸脱している。

しかも、日本側は各省庁の高級官僚、アメリカ側は在日米軍の高級軍人という、国際協議の機関としては異例の文官対軍人の組み合わせである。通常の国際協議であれば、文官対文官、軍人対軍人の組み合わせとなる。

ところが、日米合同委員会の場合は文官対軍人の異例の組み合わせによる密室協議を通じて、基地の提供・共同使用・返還の協定を「政府間合意（行政取極）」という「国際約束」として結んでしまっている。

さらに、「いわば実施細則」という地位協定の運用に関する合意にも、地位協定の範囲内とすることで、実質的な「政府間合意（行政取極）」と等しい効力を持たせている。だが、合意文書が原則非公開では、地位協定の運用に関するさまざまな合意（「いわば実施細則」）が、それぞれ本当に地位協定の範囲内にあるのかどうか、第三者による客観的な検証もできないのである。

そのような日米合同委員会の日本側代表に、日本政府を代表して外国軍隊への基地提供という政府間協定の締結や、日本の主権を侵害して外国軍隊に特権を認める合意の権限を持たせていいものだろうか。基地の提供・共同使用・返還の協定は、形式的であれ閣議決定をしているからいいと済ませられる問題ではない。

日米合同委員会の議事録も合意文書も原則として非公開である。国民・市民の目が届かない密室での、ごく限られた高級官僚と在日米軍高官の合意が、「いわば実施細則」として「日米両政府を拘束する」ほどの大きな効力を持つとされる。それ自体が、いかに異常なことかもっと広く知られてほしい。

このように正当性に欠ける日米合同委員会の密室の合意システムを、放置してはならない。放置したままでは、仮に地位協定を抜本的に改定したとしても、その規定をすり抜けて米軍に有利な合意・密約がつくられてゆくだろう。

したがって、米軍に対し実効性のある規制をかけるためには、日本法令（国内法）を原則として適用することなど地位協定の抜本的改定とともに、不透明な日米合同委員会の合意システムを見直さなければならない。

日米合同委員会の全面的な情報公開と米軍優位の密約の廃棄がなされるべきである。ゆくゆくは日米合同委員会そのものも廃止して、国会に「日米地位協定委員会」を設置し、地位協定の解釈と運用を国会の開かれた場で、主権者である国民・市民の目が届くかたちで議論し、管理するように改めなければならない。そこに自治体からの代表者も参加でき、住民の声も汲み上げられる仕組みも欠かせない。

松本清張が鋭く指摘した〝別のかたちで継続された占領政策〟。その象徴といえる日米合同委員会。「安保法体系」＋「密約体系」という表裏一体の米軍優位の構造。このような〝別のかたちで継続された占領政策〟の呪縛を断ち切ること。それは、いま日本が独立国として、まさしく取り組むべき大きな課題にちがいない。

おわりに

今年、二〇二一年は対日講和条約（サンフランシスコ講和条約）と日米安保条約が締結されてから七〇周年であり、来る二〇二二年は両条約と日米行政協定（現地位協定）の発効による主権回復から七〇周年にあたる。

一九四五年八月の敗戦から五二年四月の対日講和条約・安保条約・行政協定発効までの占領時代を含めると、日本には米軍という外国軍隊が七六年以上もの長きにわたり基地を置いて、訓練や海外の戦争への出動など、勝手放題の軍事活動を続けている。「安保法体系」と「密約体系」によって米軍は多大な特権を享受しているのである。

「安保法体系」も「密約体系」も、実質的に「占領管理法体系」を引き継いだものである。占領の延長線上の米軍特権を維持し、また必要に応じて新たな特権を確保するためのシステムだ。「安保法体系」と「密約体系」が「憲法体系」を侵蝕し続けている。日米合同委員会はそのシステムの要として機能している。

主権者である国民・市民とその代表である国会議員の目も手も届かない日米合同委員会の密室で、基地の提供や地位協定の解釈・運用など主権にかかわる問題、人権にかかわる問題が、米軍優位の不平等な状態で取り決められている。しかも議事録や合意文書は原則非公開で、秘密にされている。米軍という外国軍隊によって主権を侵害され、その結果、憲法で保障された人権も侵害される不当な状態が続いている。

こうした事実を、より多くの人が知って、本当にこんなことでいいのかを考えてほしい。戦後七六年以上も過ぎて、まだこんな状態を放置したままでいいのか、と。

本書は、週刊『サンデー毎日』(毎日新聞出版)に随時連載した記事「追跡!謎の日米合同委員会」に、大幅に加筆したものだ。拙著『密約・日米地位協定と米兵犯罪』(毎日新聞社)、『「日米合同委員会」の研究』(創元社)、『横田空域』(角川新書)に続いて、日米合同委員会の秘められた実態に可能なかぎり迫ってみた。

連載記事の取材に際して有意義なお話をお聞かせくださり、貴重な資料をご提供くださった、取材協力者の皆様に心より感謝申し上げます。

連載当時の編集長、隈元浩彦さんには記事の企画趣旨を深くご理解いただき、たいへんお世話になりました。連載記事と本書の編集を担当していただいた向井徹さんには、鋭い問題意識からの的確なご助言と、刊行に向けてのお力添えをいただきました。お二人にも心より感謝申し上げます。

二〇二一年一〇月一九日

吉田敏浩

主要参考文献（本文関連順）

『この海／山／空はだれのもの!?』琉球新報社編集局編著／高文研／二〇一八年

『沖縄・基地白書』沖縄タイムス社「沖縄・基地白書取材班」編著／高文研／二〇二〇年

『航空路誌』（ＡＩＰ）国土交通省航空局

「RANGE PLANNING AND OPERATIONS」（「空域計画と作戦」二〇一六年一二月二八日付／米空軍嘉手納基地第18航空団）

「二〇一七年の要請書」航空安全推進連絡会議

『明解 航空法解説』土屋正興著／鳳文書林販売／一九八六年

『航空法』池内宏著／成山堂書店／二〇一六年

「日米地位協定に関する意見書」日本弁護士連合会／二〇一四年

「日米地位協定の改定を求めて」日本弁護士連合会／二〇一四年

「航空交通管理センターの概要」木村章著（『航空無線』二〇〇五年冬期号／財団法人航空無線システム協会）

「航空交通管理の空域管理」藤本博茂著（『航空無線』二〇〇五年冬期号／財団法人航空無線システム協会）

「Overview of ATM Center in Japan」（国土交通省航空局／二〇一二年）

「日本全土をオスプレイの訓練場にしてよいか?」福田護著（『月間社会民主』二〇一四年一〇月号 社会民主党）

『日米安保条約全書』渡辺洋三・吉岡吉典編／労働旬報社／一九六八年

「『合意に係る日米合同委員会議事録』の不開示決定に関する件」情報公開・個人情報保護審査会／二〇一六年一二月二一日付、

「日米安保条約に基づく日米地位協定の民事裁判権に関する合意について記した文書等の一部開示決定」情報公開・個人情報保護審査会／二〇一二年六月一八日付

『部外秘 日米行政協定に伴う民事及び刑事特別法関係資料』最高裁判所事務総局編・発行／一九五二年九月

『部外秘 外国軍隊に対する刑事裁判権の解説及び資料』法務省刑事局編・発行／一九五四年

『部外秘 外国軍隊に対する刑事裁判権関係通達・質疑回答・資料集』法務省刑事局編・発行／一九六五年

『秘 合衆国軍隊構成員等に対する刑事裁判権関係実務資料』法務省刑事局編・発行／一九七二年

『部外秘　改訂・日米行政協定と刑事特別法』国家地方警察本部刑事部捜査課編・発行／一九五四年
『部外秘　地位協定と刑事特別法』警察庁刑事局編・発行／一九六八年
『外務省機密文書　日米地位協定の考え方・増補版』琉球新報社編／高文研／二〇〇四年
『米軍機墜落事故損害賠償請求事件裁判記録』米軍機墜落事故支援共闘会議編・発行／一九八八年
『米軍機墜落事故』河口栄二著／朝日新聞社／一九八一年
『市民がつなぐ情報公開のこれまで、これから』情報公開クリアリングハウス編・発行／二〇一九年
『情報公開法入門』松井茂記著／岩波新書／二〇〇〇年
『国家と秘密　隠される公文書』久保亨・瀬畑源著／集英社新書／二〇一四年
『松本清張全集31　深層海流・現代官僚論』松本清張著／文藝春秋／一九七三年
『松本清張全集30　日本の黒い霧』松本清張著／文藝春秋／一九七二年
『現代官僚論』1～3　松本清張著／文藝春秋／一九六三年・六四年・六六年
『松本清張全集48　風の息』松本清張著／文藝春秋／一九八三年
『一九五二年日航機「撃墜」事件』松本清張著／角川書店／一九九二年
『松本清張社会評論集』松本清張著／講談社文庫／一九七九年
『対談　昭和史発掘』松本清張著／文春新書／二〇〇九年
『松本清張記念館図録』文藝春秋「松本清張記念館図録」編集部編／北九州市立松本清張記念館／二〇一〇年
『続・松本清張の世界』田村栄著／光和堂／一九九三年
『「黒い霧」は晴れたか』藤井忠俊著／窓社／二〇〇六年
『松本清張の残像』藤井康栄著／文春新書／二〇〇二年
『松本清張と昭和史』保阪正康著／平凡社新書／二〇〇六年
『松本清張「隠蔽と暴露」の作家』高橋敏夫著／集英社新書／二〇一八年
『ビジネスマン読本・松本清張』現代作家研究会編／日本能率協会マネジメントセンター／一九九三年
「内閣調査室を調査する」吉原公一郎著（『中央公論』一九六〇年一二月号／中央公論社）
「見えざる手・内閣調査室の実像」吉原公一郎著（『文化評論』一九七七年一二月号／日本共産党中央委員会）

『謀略列島』吉原公一郎著／新日本出版社／一九七八年
『謀略』大野達三・岡崎万寿秀著／三一書房／一九六〇年
『内閣情報調査室』今井良著／幻冬舎新書／二〇一九年
『内閣調査室秘録』志垣民郎著／岸俊光編／文春新書／二〇一九年
『日米秘密情報機関』「影の軍隊」ムサシ機関長の告白／平城弘通著／講談社／二〇一〇年
『影の軍隊』「赤旗」特捜班著／新日本出版社／一九七八年
『自衛隊秘密諜報機関』阿尾博政著／講談社／二〇〇九年
『自衛隊の闇組織秘密情報部隊「別班」の正体』石井暁著／講談社現代新書／二〇一八年
『自衛隊・知られざる変容』朝日新聞「自衛隊50年」取材班著／朝日新聞社／二〇〇五年
『スノーデン・ファイル徹底検証』小笠原みどり著／毎日新聞出版／二〇一九年
『日米「密約」外交と人民のたたかい』新原昭治著／新日本出版社／二〇一一年
「『もく星』號の謎」中谷宇吉郎著（『文藝春秋』一九五二年六月号／文藝春秋）
「『もく星』号の残した疑問点」『科学朝日』編集部小森記者著（『科学朝日』一九五二年六月号／朝日新聞社）
「『もく星』号事件」木村秀政著（『自然』一九五二年七月号／中央公論社）
「事故の近因と遠因、『もく星』号事件」楠田左右夫著（『自然』一九五二年七月号／中央公論社）
「『もく星』號遭難事件の真相」福本邦雄著（『中央公論』一九五五年六月号／中央公論社）
「『もく星号事件』とは何だったのか！」（『財界にいがた』二〇一八年五月号／財界にいがた）
『航空管制五十年史』航空管制五十年史編纂委員会編／航空交通管制協会／二〇〇三年
「日本の空の安全と日米地位協定（下）」山口宏弥著（『平和運動』二〇一九年二月号／日本平和委員会）
『空いっぱいの危険』全運輸省労働組合著／朝日新聞社／一九八三年
『点滅する空の赤信号』全運輸省労働組合航空部門委員会編／合同出版／一九八三年
『安全な翼を求めて』山口宏弥著／新日本出版社／二〇一六年
『在日米軍基地の収支決算』前田哲男著／ちくま新書／二〇〇〇年
「AIRFIELD OPERATIONS」（「飛行場運用」二〇一六年三月一六日付／米空軍三沢基地・第35戦闘航空団）

『日本管理法令研究（全三五号）』日本管理法令研究会編著／有斐閣／一九四六年〜五三年
『日本占領及び管理重要文書集』全六巻　外務省特別資料課編／一九四九年〜五一年／東洋経済新報社
『日本管理の機構と政策』芳賀四郎編著／有斐閣／一九五一年
『占領軍調達史』特別調達庁編・発行／一九五六年
『資料・戦後二十年史3』末川博編／日本評論社／一九六六年
「日米行政協定にもとずく合同委員会の交渉経過の概要」伊関佑二郎著（『財政経済弘報』一九五二年八月一一日号　財政経済弘報社）
『憲法現代史』上下　長谷川正安著／日本評論社／一九八一年
『昭和憲法史』長谷川正安著／岩波書店／一九六一年
『在日米軍地位協定』本間浩著／日本評論社／一九九六年
『基地と人権』横浜弁護士会編／日本評論社／一九八九年
『日米地位協定逐条批判』地位協定研究会著／新日本出版社／一九九七年
『日米地位協定の真実』松竹伸幸著／集英社新書／二〇二一年
『本当は憲法より大切な「日米地位協定入門」』前泊博盛編著／創元社／二〇一三年
『日本はなぜ、「戦争ができる国」になったのか』矢部宏治著／集英社インターナショナル／二〇一六年
『機密解禁文書にみる日米同盟』末浪靖司著／高文研／二〇一五年
『主権なき平和国家』伊勢崎賢治・布施祐仁著／集英社クリエイティブ／二〇一七年
「他国地位協定調査報告書（欧州編）」沖縄県作成・発行／二〇一九年
「閣議及び閣僚懇談会議事録」首相官邸ホームページ
『閣議及び事務次官等会議付議事項の件名等目録』シリーズ　内閣官房内閣参事官室編・内閣官房内閣総務官室編・発行
「国会の承認を要する『条約』の範囲」中内康夫著（『立法と調査』二〇二〇年一一月号／参議院常任委員会調査室・特別調査室）
「『日米合同委員会』の研究」吉田敏浩著／創元社／二〇一六年
『横田空域』吉田敏浩著／角川新書／二〇一九年

吉田敏浩（よしだ・としひろ）

一九五七年、大分県臼杵市生まれ。ジャーナリスト。ビルマ（ミャンマー）北部のカチン人など少数民族の自治権を求める戦いと生活と文化を長期取材した記録『森の回廊』（NHK出版）で大宅壮一ノンフィクション賞を受賞。近年は戦争のできる国に変わりつつある日本の現状を取材。『「日米合同委員会」の研究』（創元社）で日本ジャーナリスト会議賞（JCJ賞）を、『赤紙と徴兵』（彩流社）で「いける本」大賞を受賞。著書に、『ルポ・戦争協力拒否』（岩波新書）、『反空爆の思想』（NHKブックス）、『密約・日米地位協定と米兵犯罪』（毎日新聞社）、『人を〝資源〟と呼んでいいのか』（現代書館）、『沖縄・日本で最も戦場に近い場所』（毎日新聞社）、『横田空域』（角川新書）、『日米戦争同盟』（河出書房新社）、『日米安保と砂川判決の黒い霧』（彩流社）など多数。

追跡《ついせき》！謎《なぞ》の日米合同委員会《にちべいごうどういいんかい》

別《べつ》のかたちで継続《けいぞく》された「占領政策《せんりょうせいさく》」

二〇二一年一二月一五日　印刷
二〇二一年一二月二五日　発行

著者　吉田敏浩
発行人　小島明日奈
発行所　毎日新聞出版
〒一〇二－〇〇七四　東京都千代田区九段南一－六－一七　千代田会館五階
電話　営業本部〇三－六二六五－六九四一
図書第二編集部〇三－六二六五－六七四六

印刷　精文堂
製本　大口製本

ISBN978-4-620-32713-6